Aplicabilidade e Limites das Cláusulas de Não Concorrência Nos Contratos de Franquia

Aplicabilidade e Limites das Cláusulas de Não Concorrência Nos Contratos de Franquia

2019

Alexandre David Santos

APLICABILIDADE E LIMITES DAS CLÁUSULAS DE NÃO CONCORRÊNCIA NOS CONTRATOS DE FRANQUIA
© Almedina, 2019

AUTOR: Alexandre David Santos
DIAGRAMAÇÃO: Almedina
DESIGN DE CAPA: Roberta Bassanetto
REVISÃO: Camilla Bazzoni de Medeiros
ISBN: 978-85-8493-401-0

Dados Internacionais de Catalogação na Publicação (CIP)
(Câmara Brasileira do Livro, SP, Brasil)

Santos, Alexandre David
Aplicabilidade e limites das cláusulas de não
concorrência nos contratos de franquia / Alexandre
David Santos 2018. -- São Paulo : Almedina, 2019.

Bibliografia.
ISBN 978-85-8493-401-0

1. Contratos - Brasil 2. Franquias (Comércio
varejista) - Legislação - Brasil 3. Jurisprudência -
Brasil I. Título. .

18-19611   CDU-34:339.176

Índices para catálogo sistemático:

1. Franquias : Leis : Direito 34:339.176

Maria Alice Ferreira - Bibliotecária - CRB-8/7964

Este livro segue as regras do novo Acordo Ortográfico da Língua Portuguesa (1990).

Todos os direitos reservados. Nenhuma parte deste livro, protegido por copyright, pode ser reproduzida, armazenada ou transmitida de alguma forma ou por algum meio, seja eletrônico ou mecânico, inclusive fotocópia, gravação ou qualquer sistema de armazenagem de informações, sem a permissão expressa e por escrito da editora.

Fevereiro, 2019

EDITORA: Almedina Brasil
Rua José Maria Lisboa, 860, Conj.131 e 132, Jardim Paulista | 01423-001 São Paulo | Brasil
editora@almedina.com.br
www.almedina.com.br

*À Juliana, minha mulher, que me incentivou, apoiou e inspirou
a trilhar os caminhos do Mestrado Profissional
para que um novo mundo fosse descoberto*

AGRADECIMENTOS

Ao meu pai (*in memoriam*), pelos ensinamentos de vida e incondicional apoio e incentivo aos meus estudos, permitindo-me atingir os objetivos mais desafiadores para a minha realização pessoal e profissional.

Em especial ao Professor Wanderley Fernandes, pelos profundos e modernos ensinamentos acadêmicos que não só contribuíram para a qualidade desta obra, mas principalmente introjetaram o interesse na busca de fazer o melhor, traduzido pela possibilidade de fazer do direito um efetivo instrumento capaz de atender aos anseios do ideal de justiça.

Ao brilhante Professor Mario Engler, pelas inesquecíveis aulas do Mestrado Profissional, que despertaram o desejo de aprofundamento na tese de temas para a escolha e o desenvolvimento deste livro.

À Associação Brasileira de Franchising (ABF), em especial à Dra. Edna dos Anjos, pela dedicação e presteza no franqueamento das cláusulas de não concorrência dos associados.

PREFÁCIO

A obra publicada por Alexandre David Santos é fruto de cuidadoso trabalho de pesquisa realizado pelo autor no âmbito do Mestrado Profissional da Escola de Direito de São Paulo da Fundação Getulio Vargas (FGV DIREITO SP).

O trabalho discute as cláusulas de não concorrência inseridas em contratos de franquia, não apenas sob a óptica dos fundamentos jurídicos, mas também com a preocupação de identificar sua função socioeconômica e o campo de aplicação na prática negocial. Para isso, o autor se valeu de sua própria experiência profissional, enriquecida pela análise de uma amostra de contratos de franquia, tendo ao final constatado a existência de grande variação de modelos, conforme o tipo de atividade franqueada.

O trabalho chama atenção ainda para a fragilidade jurídica a que muitas dessas disposições contratuais estão expostas, o que contribui para agravar o risco de invalidação ou modulação por interferência do Poder Judiciário. Para mitigar tais riscos, aponta requisitos mínimos, traça limites e sugere a adoção de cautelas específicas na fase de elaboração contratual. Além da observância de aspectos formais, o autor destaca que o impedimento de competição imposto ao franqueado precisa ter racionalidade econômica e fazer sentido no contexto do caso concreto.

Os requisitos essenciais para assegurar a validade do compromisso de não concorrência consistem basicamente na delimitação geográfica, na duração temporal e na definição do seu objeto. Esses requisitos precisam estar atendidos tanto na forma quanto na substância, o que exige do operador do direito a capacidade de fazer juízos de razoabilidade a partir da compreensão dos legítimos interesses dos atores envolvidos (franqueador, rede atual de franqueados e antigos franqueados).

Adicionalmente, o autor recomenda que a redação da cláusula leve em conta alguns requisitos estratégicos, de modo a não comprometer sua efetividade prática. Conforme as circunstâncias, convém que o contrato de franquia disponha sobre a possibilidade de a inadimplência do franqueador exonerar o franqueado da obrigação de não competir. Sugere ainda que o contrato seja expresso na proibição do exercício da atividade concorrente por intermédio de pessoas ligadas.

Já em outros contextos, a essencialidade da atividade exercida pelo franqueado na comunidade em que atua, o seu caráter uniprofissional e o domínio prévio do conhecimento transmitido pelo franqueador são fatores que podem justificar a modulação da cláusula de não concorrência. Por essa razão, necessitam ser cuidadosamente sopesados quando da modelagem contratual.

Por fim, existem os requisitos de eficiência, em que se destaca a estipulação de multa penal para o caso de violação da cláusula de não concorrência. No entanto, para ser plenamente aplicável, a penalidade pecuniária deve ser fixada em montante compatível com a substância econômica do contrato de franquia.

Como o próprio autor reconhece, o estudo realizado tem por objetivo "orientar a elaboração estratégica de cláusulas de não concorrência que possam ser interpretadas com segurança jurídica de modo a afastar a concorrência desleal, mas que também delimitem as circunstâncias do caso concreto por meio da modulação ora proposta".

A abordagem adotada no trabalho é um bom exemplo do modelo de pesquisa jurídica que se pretende desenvolver no Mestrado Profissional da FGV DIREITO SP. A tônica, neste caso, recai sobre o caráter aplicado da pesquisa, relevado principalmente pelo elemento prescritivo, sob a forma de recomendações de conduta ou de ação prática, dirigidas precipuamente aos operadores do direito.

Nesse sentido, o trabalho não se limita a discutir uma questão conceitual ou um problema hermenêutico situado no plano puramente abstrato. Ao contrário, preocupa-se com a compreensão do contexto fático, a partir de uma visão integrada e multidisciplinar da realidade, para então formular juízos estratégicos juridicamente embasados. Essa postura transcende a dicotomia clássica entre lícito e ilícito, que tem orientado a produção doutrinária na área jurídica.

Daí por que se espera que a obra proporcione ao leitor a aquisição de conhecimento qualificado e teoricamente robusto, porém igualmente útil e diretamente aplicável no meio profissional.

MARIO ENGLER PINTO JUNIOR

Professor e Coordenador do Mestrado Profissional da FGV DIREITO SP

SUMÁRIO

AGRADECIMENTOS	7
PREFÁCIO	9
INTRODUÇÃO	15

CAPÍTULO 1 – O TEMA — 19
1.1. Preâmbulo — 19
1.2. Problema Geral do Tema — 20
1.3. Procedimentos Metodológicos da Obra — 21
1.4. Justificativa — 21
1.5. Estrutura do Livro — 23

CAPÍTULO 2 – REFERENCIAL TEÓRICO — 25
2.1. Breves Considerações — 25
2.2. Definição de Franchising — 26
2.3. Contrato de Franquia — 30
2.4. Cláusula de Não Concorrência e Concorrência Desleal — 36
    2.4.1. A Atividade Essencial, Uniprofissional e o Prévio Domínio do *Know-How* — 48
    2.4.2. Descumprimento Contratual do Franqueador — 54
    2.4.3. Responsabilidade de Parentes e Sócios: Característica *Intuitu Personae* — 60
    2.4.4. Assimetria Contratual – PL nº 487/2013 e nº 1.572/2011 — 63
    2.4.5. Dependência Econômica — 66

CAPÍTULO 3 – POSIÇÃO DA JURISPRUDÊNCIA BRASILEIRA E A NÃO CONCORRÊNCIA NO DIREITO NORTE-AMERICANO — 69
3.1. Jurisprudência Brasileira — 69
    3.1.1. Supremo Tribunal Federal (STF) — 69

3.1.2. Superior Tribunal de Justiça (STJ) — 70
3.1.3. Tribunal de Justiça de São Paulo (TJSP) — 73
3.1.4. Tribunal de Justiça de Minas Gerais (TJMG) — 76
3.1.5. Tribunal de Justiça do Rio de Janeiro (TJRJ) — 77
3.1.6. Tribunal de Justiça do Rio Grande do Sul (TJRS) — 81
3.2. Cláusula de Não Concorrência no Direito Norte-Americano — 82

CAPÍTULO 4 – ANÁLISE DA AMOSTRA SELECIONADA — 87
4.1. Cláusula de Não Concorrência em Contratos de Franquia — 87
    4.1.1. Alimentação — 87
    4.1.2. Negócios, Serviços e Conveniência — 88
    4.1.3. Vestuário — 89
    4.1.4. Acessórios Pessoais, Calçados e Tênis — 90
    4.1.5. Lavanderia, Limpeza e Conservação — 90
    4.1.6. Cosméticos e Perfumaria — 91
    4.1.7. Farmácia — 93
    4.1.8. Odontologia — 94
    4.1.9. Hotelaria — 96
    4.1.10. Idiomas — 98
4.2. Soluções Práticas e Considerações Finais — 99

CONCLUSÃO — 103
REFERÊNCIAS — 107

ANEXOS
    Anexo I – Lei da Franquia — 113
    Anexo II – Código de Consulta e Princípios Éticos — 117

INTRODUÇÃO

Esta obra tem como tema a relação entre franqueador e franqueado. Nosso questionamento sobre o tema se refere à possibilidade do impedimento da utilização do *know-how* e da atividade desenvolvida pelo ex-franqueado, seja durante a vigência contratual, seja ao término da relação contratual. Tendo isso em vista, traçamos os seguintes objetivos para nosso estudo: explorar as cláusulas de não concorrência para revelar como estão sendo utilizadas e aplicadas pelos principais franqueadores no Brasil; identificar seus limites; analisar a jurisprudência acerca do tema e propor soluções práticas. Tais estudos se justificam, pois poderão contribuir com respostas e soluções aos operadores do sistema de *franchising*. Para o desenvolvimento do tema, apresentamos inicialmente breves considerações sobre a origem e o desenvolvimento do setor de franquias no Brasil. Tal levantamento nos dá a noção exata do contexto em que o tema está inserido, sobretudo no âmbito jurídico. Na sequência, trataremos das definições de *franchising* sob o ponto de vista técnico, empresarial e legal.

Questão fundamental para compreensão e interpretação do tema é a análise das características do contrato de franquia. Nesse ponto, o estudo se direciona apenas para os elementos nucleares do contrato de franquia, capazes de gerar efeitos práticos cujos resultados nos interessam. Há, portanto, uma delimitação de análise para evitar digressões desnecessárias.

Já o núcleo do livro se constitui da análise dos seguintes aspectos: histórico, jurisprudencial, doutrinário, legal e comercial das cláusulas de não concorrência, perpassando pela livre concorrência.

No aspecto histórico, a referência é o caso da Cia de Tecidos Juta, defendido por Rui Barbosa; a abordagem jurisprudencial nos revela a recente decisão do Supremo Tribunal de Justiça (STJ) sobre o julgamento das cláusulas de raio, que mantêm afinidades e identidade de fundamentos com as cláusulas de não concorrência, mas que não se confundem; já os dispositivos legais, normas constitucionais e a orientação doutrinária balizam o estudo; no aspecto comercial, destacamos caso Wizard x Wisdom, considerado o *leading case* do setor de *franchising*; e, por fim, ainda que não seja objeto de análise da obra, apresentamos a posição do Cade ao julgar o caso do Shopping Center Norte, trazendo precedentes das Supremas Cortes dos Estados de Connecticut e Ohio, nos EUA.

Ainda como temas centrais, abordamos questões sobre a atividade essencial, uniprofissional, prévio domínio do *know-how*, descumprimento contratual do franqueador e responsabilidade de parentes e sócios sob a ótica da característica *intuitu personae* do contrato de franquia, responsáveis pela nossa construção do que chamamos de *requisitos estratégicos*, conforme definição estabelecida para este livro.

A atividade essencial será analisada sob o ponto de vista legal para fins de regulamentar o direito de greve; a atividade uniprofissional desafia a confrontação de princípios constitucionais da livre iniciativa, liberdade profissional e livre concorrência, levando em consideração a teoria da ponderação proposta por Robert Alexy; o prévio domínio do *know-how* justifica a adoção de uma postura diferenciada do franqueador; o descumprimento contratual de sua parte, diante da potestatividade que lhe é inerente, suas consequências, posicionamento contrário e jurisprudência também contribuem para a fundamentação da nossa *proposta de modulação* da cláusula de não concorrência ao caso concreto, conforme definição estabelecida para este livro.

A assimetria contratual – PL nº 487/2013 e nº 1.572/2011 – representa um problema a ser enfrentado para estabelecer o equilíbrio entre as partes. No entanto, as propostas apresentadas pelos projetos de lei analisados apontam para um caminho equivocado, sendo necessários a forte atuação política e o engajamento do setor para situar melhor o poder legislativo nas questões peculiares ao sistema de *franchising*, a exemplo do que vem fazendo a Associação Brasileira de *Franchising* (ABF). Quanto à dependência econômica, considerações relevantes evidenciam que se trata de uma situação corriqueira em nosso país, sobretudo diante da desigualdade social, mas que refutam veementemente o chamado abuso do direito.

Ante o inegável sucesso do setor e da maturidade do *franchising* brasileiro, atualmente há fértil material na jurisprudência brasileira sobre o nosso tema, o que nos dá o norte para a formulação da proposição prática, como forma de contribuir efetivamente para os operadores do sistema de *franchising*. Todavia, questões importantes acerca do tema ainda não foram exploradas pelo Poder Judiciário, que poderiam corroborar nossas proposições.

O estudo do direito comparado da cláusula de não concorrência no direito norte-americano – *non-compete clause* (NCC) ou *covenant not to compete* (CNC) – é uma significativa referência para que tenhamos em nosso radar as lições aprendidas. Destaque para o caso julgado pelo Tribunal de Nebraska, ao liberar o ex-franqueado para competir no mesmo território com o franqueador após a vigência contratual, em razão do reconhecimento de abusividade por parte do franqueador.

Ao final, após análise da amostra selecionada, faremos proposições práticas acerca da *modulação* da cláusula de não concorrência, criação de duas classes de cláusula de não concorrência, bem como uma proposta de alteração do marco legal do *franchising*.

Capítulo 1
O Tema

1.1. Preâmbulo

A fim de conferir clareza e auxiliar na exata interpretação que pretendemos atingir para a perfeita compreensão dos termos utilizados nesta obra, serão especialmente definidos como:

Requisitos essenciais: são os elementos de limitação temporal, territorial e do objeto que atribuem plena aplicação da cláusula de não concorrência.

Requisitos estratégicos: são os elementos contidos na cláusula de não concorrência relativos à atividade essencial, uniprofissional, prévio domínio do *know-how*, descumprimento contratual do franqueador e responsabilidade de parentes e sócios.

Requisito de eficiência: é a previsão de multa contratual caso o franqueado descumpra o estabelecido na cláusula de não concorrência.

Modulação: é a elaboração específica da cláusula de não concorrência observando-se o caso concreto previamente conhecido pelo franqueador. É a adaptação às circunstâncias. Exemplo: o prévio domínio do *know-how* pelo franqueado é fato conhecido do franqueador. Por tal motivo, deverá contemplar esta situação específica do franqueado para compor como requisito estratégico da cláusula de não concorrência.

Relativização: é não admitir ou tomar como completo. Ao analisar o contrato objeto do litígio, o juiz deverá verificar a aplicabilidade das cláusulas questionadas na ação e decidir a lide sob os enfoques legais, entre eles, mas não se limitando, se a liberdade contratual foi exercida em razão e nos limites da função social do contrato, se houve abuso de poder, observar o cumprimento de princípios, como o da boa-fé. Significa que o juiz poderá interpretar em sentido diverso do que está expresso no texto da cláusula, resultando na insegurança jurídica.

1.2. Problema Geral do Tema

O problema geral do tema é a aplicabilidade e os limites das cláusulas de não concorrência e a dificuldade na plena aplicação, gerando insegurança não só aos franqueadores, mas também aos ex-franqueados que, muitas vezes, se veem impedidos de prosseguir com suas atividades, mesmo diante do inadimplemento contratual do franqueador ou de situações cujas cláusulas de não concorrência não foram devidamente ajustadas para os casos concretos e específicos, revelando-se, portanto, abusivas. A questão também suscita dúvida sobre quando e de que modo é possível penalizar o ex-franqueado, seus sócios e parentes em decorrência de cláusulas de não concorrência estabelecidas em contratos cuja característica principal é *intuitu personae* – ou seja, a pessoa física do franqueado.

O estudo das cláusulas de não concorrência com finalidade de propor soluções com o balizamento doutrinário, jurisprudencial e prático se justifica, sobretudo diante da necessidade de cláusulas bem moduladas e elaboradas à luz da legalidade e especificidades do caso concreto.

Neste livro, abordamos elementos dogmáticos e práticos, visando contribuir com o sistema de *franchising*. Além disso, o desenvolvimento do tema, à luz de questões práticas, mostra-se pertinente para a correta aplicação de cláusulas de não concorrência.

As questões que nos colocamos diante do tema são:

> *A cláusula de não concorrência pode ser aplicada quando a atividade empresarial for considerada essencial, uniprofissional? Pode ainda ser aplicada quando ex-franqueado já atuava no segmento, antes de ser franqueado e, portanto, já possuía o domínio do know-how? Caso negativo, quais as consequências e desdobramentos jurídicos?*

Como questões subsidiárias, definimos:

> *É possível a aplicação da cláusula de não concorrência por descumprimento contratual do franqueador?*

> *É possível responsabilizar parentes e sócios do franqueado, aplicando-lhes a cláusula de não concorrência em contrato de franquia cuja característica é intuitu personae?*

> *É possível responsabilizar parentes e sócios do franqueado, aplicando-lhes a cláusula de não concorrência em contrato de franquia cuja característica é intuitu personae?*

Afinal, quais os limites das cláusulas de não concorrência, de acordo com o estabelecido no inciso XIV, alíneas "a" e "b", do artigo 3º da Lei nº 8.955/94[1] e o resultado do estudo realizado?

1.3. Procedimentos Metodológicos da Obra

Nesta obra apresentamos uma revisão bibliográfica, contemplando, entre outras obras, as pertencentes à literatura dos EUA – escolhemos analisar a literatura desse país, em razão do seu pioneirismo em *franchising* e também pelo fato de ele representar hoje o segundo maior mercado de *franchising* do mundo[2], além de representar a incontestável consolidação do setor –, artigos científicos, livros específicos, decisões administrativas, jurisprudência dos principais tribunais do país e contratos de franquia de dez franqueadores.

O objeto do livro foi composto com contratos de dez franqueadores do país, obtidos na Associação Brasileira de *Franchising*. Analisamos um contrato de cada segmento, o que representa cinquenta por cento do número de segmentos de franquias, composto de vinte segmentos principais – alguns segmentos contemplam subsegmentos.

Para preservação de interesses e respeito aos direitos de terceiros, não revelaremos a identidade das empresas franqueadoras. No entanto, haverá identificação dos segmentos relacionados às cláusulas analisadas. Também serão adotadas a identificação e a utilização de casos julgados e/ou casos reais como exemplos e fundamentação do tema.

Com base na conclusão do livro, são propostas soluções práticas para reforçar a legitimidade dos contratos e assegurar o cumprimento das cláusulas de não concorrência.

1.4. Justificativa

A elaboração de cláusulas de não concorrência menos vulneráveis à relativização pelo julgador promoverá estabilidade entre as partes com mais segurança jurídica.

---

[1] XIV – Situação do franqueado, após a expiração do contrato de franquia, em relação a: *a) know-how* ou segredo de indústria a que venha a ter acesso em função da franquia; e *b)* implantação de atividade concorrente da atividade do franqueador."

[2] No topo da lista está a China, com 4.000 marcas; os Estados Unidos subiram do quarto para o segundo lugar, com 3.828 marcas, seguido da Coreia do Sul, com 3.691 redes. Disponível em: <http://g1.globo.com/economia/pme/noticia/2015/02/setor-de-franquias-cresce-77-em-2014-no-pais-diz-associacao.html>. Acesso em: 14 jul. 2016.

Uma das principais causas de conflitos entre franqueador e ex-franqueado é a tentativa de aplicação da cláusula de não concorrência, pois muitos contratos adotam cláusulas-padrão, passíveis de relativização por serem abusivas. Acredita-se que uma cláusula redigida sob a égide da boa-fé, da função social do contrato e adequadamente modulada pode minimizar ou até mesmo resolver conflitos.

A cláusula de não concorrência está prevista praticamente em quase todos os contratos de franquia e, pela experiência do autor, com mais de dezoito anos atuando no setor de *franchising* como *head* jurídico de grandes empresas – uma com mais de mil unidades franqueadas e outra com cerca de quinhentas unidades – pode ser considerada uma das principais causas de conflitos entre franqueadores e ex-franqueados, inclusive é objeto de inúmeras demandas judiciais, como veremos na jurisprudência relacionada. Surge, então, a relevância aplicativa do tema enquanto objeto do livro.

De acordo com o levantamento da Associação Brasileira de Franquias (ABF)[3], o sistema de *franchising* registrou um faturamento de R$ 139 bilhões em 2015, o que representou um aumento de 8,3% em relação a 2014. Operam no Brasil 3.073 redes de franquia, com aumento de 4,5% em relação a 2014, responsáveis por aproximadamente 1.189.785 postos de trabalho diretos, com aumento de 8,5% em relação a 2014. Para 2016, segundo o Sebrae, a previsão[4] é de aumento entre 6% e 8% no faturamento e de 8% a 10% em número de unidades e de 4% a 6% em número de marcas.

O expressivo faturamento e a quantidade de unidades do setor revelam a sua representatividade na economia brasileira. Com a crise atual, há quem diga que o setor deve crescer mesmo nesse cenário, em razão do aumento do índice de desemprego. A relação está na ideia de que mais pessoas desempregadas, com menos postos de trabalhos disponíveis no mercado, procurem o setor como alternativa para o desenvolvimento do empreendedorismo.

O *franchising* possui muitas características interessantes, mas a elaboração e a aplicação equivocada de uma cláusula de não concorrência podem prejudicar de forma irreversível, de um lado, o investimento e a oportuni-

---

[3] Disponível em: <http://www.portaldofranchising.com.br/franquias/numeros-do-franchising-2015>. Acesso em: 9 jun. 2016.

[4] Disponível em: <http://www.bibliotecas.sebrae.com.br/chronus/ARQUIVOS_CHRONUS/bds/bds.nsf/77fd388041c4a18c06bde4f7b3d303bc/$File/7140.pdf>. Acesso em: 27 jun. 2016.

dade do empreendedor quando, por qualquer razão, decide pela saída da rede franqueada; por outro, o franqueador pela vulnerabilidade jurídica e a ameaça da prática de concorrência desleal, gerando a desestabilização da rede franqueada.

1.5. Estrutura do Livro

Este livro está estruturado em quatro capítulos e dois anexos.

No capítulo 1, fazemos uma breve introdução e apresentamos o problema geral do tema, os objetivos da obra, a justificativa e a estrutura.

No capítulo 2, estabelecemos o referencial teórico que embasa as análises e fundamenta as ações propostas para o enfrentamento das questões suscitadas.

No capítulo 3, apresentamos a posição da jurisprudência do Tribunal Superior e Tribunal de Justiça de São Paulo, Rio de Janeiro, Minas Gerais e Rio Grande do Sul. Neste capítulo, também expomos o resultado de uma análise da cláusula de não concorrência do direito norte-americano.

No capítulo 4, dedicamo-nos à análise dos dez contratos de franquia de segmentos diferentes (alimentação, negócios-serviços e conveniência, vestuário, acessórios pessoais – calçados e tênis, lavanderia – limpeza e conservação, cosméticos e perfumaria, farmácia, odontologia, hotelaria e idiomas). Estão ainda neste capítulo a proposta de soluções práticas e as considerações finais.

Depois dos capítulos, apresentamos a conclusão, as referências da obra e os anexos que são a Lei de Franquia e o Código de Conduta e Princípios Éticos da Associação Brasileira de *Franchising* (ABF).

Capítulo 2
Referencial Teórico

2.1. Breves Considerações

No livro de comemoração dos vinte e cinco anos da Associação Brasileira de *Franchising* (2012, p. 38), encontramos o registro da origem do que conhecemos hoje por franquia. Remonta à Idade Média, na França, onde a palavra *franc* significava a concessão de um privilégio aos nobres que recebiam da Igreja. Tal privilégio era o direito de cobrar impostos dos camponeses e repassar ao clero, mas lhes era concedido percentual sobre o total arrecadado. Séculos depois, em 1850, nos EUA, nasceu o modelo parecido com o atual sistema de franquia. A empresa *Singer Sewing Machine* passou a outorgar licença a comerciantes autônomos para a revenda de máquinas de costuras movidas a pedal. Diante do sucesso obtido, outras empresas adotaram essa prática: utilizar a marca para aumentar seus próprios negócios.

No Brasil, o modelo de negócios foi iniciado pelas distribuidoras automobilísticas, engarrafadoras de bebidas e postos de gasolina ao fim da Segunda Guerra Mundial, mas não eram identificados como franquia.

Atualmente, a maturidade do sistema de *franchising* vai além da criação do marco legal do setor, Lei nº 8.955, de 15 de dezembro de 1994. A primeira rede a adotar o licenciamento, como se chamava na época, foi o Yázigi,[5] no segmento de idiomas, em 1954. Em seguida, atraídas pelo

---

[5] O primeiro estabelecimento do CCAA surgiu em 1961, mas o modelo de franquia apenas foi adotado oito anos depois. Já o Yázigi adotou o *franchising* no mesmo ano de sua criação, em 1950. Dados disponíveis em: <http://www.ccaa.com.br/sobre-o-ccaa/>; <http://www.yazigi.com.br/sobre-a-marca>; e <http://www.fisk.com.br/sobre/nossa-historia>. Acesso em: 9 jun. 2016.

rápido crescimento, vieram as redes CCAA, Fisk e McDonald's. Assim, paulatinamente, outras redes aderiram ao sistema de franquia diante do tamanho do mercado que poderiam atingir. Portanto, importa ressaltar que hoje as grandes redes estão consolidadas e ocupam o território brasileiro de forma capilarizada, algumas até se internacionalizaram.

Tal fato implica diretamente o modelo de crescimento das redes hoje em dia. Isso porque a maioria das redes adota o sistema de exclusividade territorial ou de direito de preferência. Desse modo, o interessado em ingressar no sistema de *franchising* dificilmente encontrará um ponto comercial interessante, considerando o esgotamento territorial que decorre da maturidade da rede, exceto para as novas redes ou redes ainda em desenvolvimento.

A opção dada ao interessado, via de regra, é o repasse da unidade – trespasse – que pode ser traduzido na venda do estabelecimento, com ou sem aquisição da pessoa jurídica. Nesse caso, aplicar-se-á ao ex-franqueado a regra de não concorrência do artigo 1.147 do Código Civil (CC), mas não é exatamente essa regra de não concorrência que nos interessa nesta obra. O principal foco do nosso estudo é o que ocorre quando acaba a relação entre franqueador e franqueado. Todavia, vale lembrar que a cláusula de não concorrência é aplicada também durante a vigência contratual.

O término da relação contratual pode se revelar como no modelo de repasse acima, mas também pode se apresentar pela resilição, resolução ou expiração da vigência do prazo contratual sem o necessário e automático repasse, que só ocorre quando há convergência de interesses, prazos compatíveis e harmonia entre as partes para concretização do negócio.

2.2. Definição de *Franchising*

Encontramos a definição legal de franquia empresarial no artigo 2º da Lei nº 8.955/94:

> Art. 2º Franquia empresarial é o sistema pelo qual um franqueador cede ao franqueado o direito de uso de marca ou patente, associado ao direito de distribuição exclusiva ou semi-exclusiva de produtos ou serviços e, eventualmente, também ao direito de uso de tecnologia de implantação e administração de negócio ou sistema operacional desenvolvidos ou detidos pelo franqueador, mediante remuneração direta ou indireta, sem que, no entanto, fique caracterizado vínculo empregatício.

REFERENCIAL TEÓRICO

Com apenas onze artigos, a lei que dispõe sobre o contrato de franquia empresarial e outras providências completou vinte anos. A percepção dos profissionais que atuam no setor, sobre essa lei, depois desses anos, é a de liberdade conferida pela lei às partes e ao sistema como um todo. Há, sem dúvidas, lacunas na lei que podem ser preenchidas de forma favorável ao sistema, mas, em contrapartida, permitem oportunismos e abusos, como veremos nos capítulos seguintes.

A interferência da lei no setor está praticamente adstrita aos artigos 3º e 4º, estabelecendo a obrigação do franqueador em fornecer ao candidato a chamada Circular de Oferta de Franquia (COF), cujo rol de informações previstas deve ser cumprido pelo franqueador. Na apresentação da COF, deve-se observar o prazo mínimo de dez dias antes da assinatura de pré-contrato, contrato ou recebimento de qualquer valor, sob pena de anulabilidade e devolução das quantias eventualmente recebidas e danos.

Quanto à cláusula de não concorrência, podemos afirmar que a única previsão do marco legal que se infere está estabelecida no artigo 3º:

XIV – situação do franqueado, após a expiração do contrato de franquia, em relação a:

a) know-how ou segredo de indústria a que venha a ter acesso em função da franquia; e

b) implantação de atividade concorrente da atividade do franqueador.

A ausência de uma forte interferência da lei resulta, ainda, em inúmeras interpretações doutrinárias, especialmente na tentativa de definir franquia empresarial, contrato de franquia, natureza jurídica, elementos, todas sem o esgotamento da matéria.

Sem a pretensão de citar todas as definições encontradas na pesquisa, uma definição mais próxima do complexo conceito de *franchising* é de Marcelo Cherto. Segundo Cherto (1988, p. 4), franquia:

é, nada mais, nada menos, do que um método e um arranjo para a distribuição de produtos e/ou serviços. Juridicamente, se implementa através de um contrato pelo qual o detentor de um nome ou marca, de uma idéia, de um método ou tecnologia, segredo ou processo, proprietário ou fabricante de um certo produto ou equipamento, mais *know-how* a ele relacionado (o *franchisor* ou franqueador) outorga a alguém dele jurídica e economicamente independente (o *frachisee* ou franqueado), licença para explorar esse nome ou marca, em conexão com tal idéia, processo, método tecnologia, produto e/ou equipamento. É estabelecido pelo *franchisor* (franqueador) o modo pelo qual o *franchisee* (franqueado) deverá instalar e operar seu próprio negócio e desempenhar suas atividades, que serão desenvolvidas sempre sob o controle, a supervisão e a orientação e com a assistência do *franchisor* (franqueador), a quem o *franchisee* (franqueado) pagará, direta ou indiretamente, de uma forma ou de outra, uma remuneração. O *franchisee* (franqueado) arca, ainda, com os custos e despesas necessárias à instalação e operação de seu próprio estabelecimento.

A doutrina identifica nesse modelo duas modalidades, a depender do nível de envolvimento entre franqueador e franqueado. A primeira denominada de franquia de marca e de produto e a segunda o *business format franchising*. Simão Filho (2000, p. 45) destaca vários tipos de franquias dentro dessas modalidades, como a franquia de serviços, de distribuição, de produção, *franchise corner* (pontos de venda), *franchise* associativo, multimarcas, itinerante e a de indústria.

Para o nosso livro, importa explicar o funcionamento do sistema de franquia formatada (*business format franchise*). Bertoldi (2009, p. 762) denomina de franquia de negócio uniforme formatado, em que o franqueador atribui ao franqueado, além do direito de exploração da marca, formatação pormenorizada do negócio, mediante a transferência de normas operacionais, aplicando-lhe treinamentos, manuais, técnicas específicas, gestão financeira, administrativa, recursos humanos e métodos.

Existe ainda a classificação que divide as atividades desenvolvidas como serviços, produção, distribuição, indústria e mista, essa última quando se combina mais de duas atividades.

Plá (2001) propõe que o modelo franquia pode ser classificado por gerações, relacionando os níveis de integração.

Níveis de integração do franqueador com a rede franqueada

Nível de integração	Características
Primeira geração	Pouco suporte do franqueador para a rede franqueada.
	Foco do franqueador no desenvolvimento de produtos/serviços.
	Maior liberdade dos franqueados.
	Concessão do produto/serviço e marca sem exclusividade.
	Maior risco por causa da baixa profissionalização do modelo.
Segunda geração	Concessão por meio de produto/serviço e marca, com revenda e/ou distribuição exclusiva.
	Nível médio de profissionalização, oferecendo apenas know-how de uma única unidade piloto.
	Pouco suporte do franqueador para rede franqueada.
	Foco do franqueador no desenvolvimento de produtos/serviços e sistema operacional.
Terceira geração	Concessão por meio de produto/serviço e marca, com revenda e/ou distribuição exclusiva e operação comercial do negócio – Nível médio de profissionalização.
	O franqueador desenvolve um plano de franquia para orientar sua expansão.
	Pode existir uma ou mais unidades piloto para testar o modelo de negócio e o sistema gerencial.
Quarta geração	Concessão de produto/serviço e marca, com revenda e/ou distribuição exclusiva e operação comercial do negócio – Nível alto de profissionalização.
	Franqueador oferece grande assistência na operação do negócio e na tecnologia de rede, focando os planos estratégicos de marketing e oferecendo serviços especializados de suporte.
	O franqueador contrata serviços especializados (consultoria gerencial, técnica, fiscal, legal etc.) para desenvolver o plano de franquias.
Quinta geração	Concessão de produto/serviço e marca, com revenda e/ou distribuição exclusiva e operação comercial do negócio.
	Nível alto de profissionalização.
	Transferência de *know-how* entre unidade(s) piloto e unidades franqueadas.
	Franqueador oferece a possibilidade de a rede desenvolver Conselho de Administração de Franqueados; criar cargo do Ombudsman como canal de comunicação; desenvolver alternativas de financiamento para o investimento inicial dos franqueados; criar sistema de recompra ou revenda de unidades com problema.

A evolução de uma geração para outra demonstra um aumento do nível de profissionalização de uma rede de franquias, o que reduz o risco e aumenta a atratividade para potenciais franqueados (PLÁ, 2001).

Na franquia de quinta geração, com a participação de um Conselho de Franqueados, a proximidade fica mais evidente, pois há maior participação do franqueado na própria gestão da rede e requer que o franqueador compartilhe parte do poder para promover a negociação em processos de tomada de decisão. Uma questão sensível, pois exige maturidade das partes e capacidade de autocomposição para evitar que problemas de relacionamento impeçam a consecução dos objetivos do negócio para a rede como um todo.

2.3. Contrato de Franquia

Ao prefaciar a obra *Direito dos negócios aplicado*, de Simão Filho, Engler[6] é contundente ao afirmar que a abordagem puramente dogmática se torna insuficiente para compreender a essência de determinados modelos negociais, já que, para a correta aplicação do direito, devemos combinar o conhecimento da realidade fática, análise econômica, discussão sobre desenhos institucionais e valoração de objetivos de política pública. No *franchising*, isso não é diferente.

O marco legal do *franchising* não regulou suficientemente o setor. O mesmo podemos afirmar sobre o contrato de franquia. Antes da lei, as empresas já praticavam o *franchising* sob a denominação de contratos de licença de uso de produtos/serviços e de marca com obrigações estipuladas para que o licenciado, ou autorizado, seguisse os padrões e a formatação do negócio. Nesse modelo, ainda que incipiente, já havia previsão de obrigatoriedade de manutenção de *layout*, treinamentos, exclusividade de fornecedores, território etc.

A evolução ocorreu com as necessidades mercantis[7], culminando no marco legal, mas iniciando uma nova fase para o desenvolvimento e aplicação do que hoje conhecemos como contrato de franquia. Grande contribuição é dada até pelas associações de *franchising*, no Brasil, a ABF; a

---

[6] Mario Engler é coordenador do Mestrado Profissional da Escola de Direito da FGV, São Paulo.

[7] Para Venosa (2009, p. 542), a utilização do sistema foi implantada pelos usos mercantis, para depois ser o negócio recepcionado pela legislação.

REFERENCIAL TEÓRICO

International Franchise Association[8] (IFA), nos EUA; a *British Franchise Association*[9] (BFA), na Inglaterra e também a *Unidroit*[10], instituição que tem por finalidade uniformizar as relações de direito privado, especialmente quando se trata de contratos internacionais, considerada fonte do direito privado comercial internacional.

No Brasil, a ABF lançou o Código de Conduta e Princípios Éticos[11] justamente para contribuir com a regulação do setor e estabelecer o equilíbrio nas relações entre franqueadores e franqueados, sujeitando os infratores às sanções que podem ser aplicadas pela Comissão de Ética da entidade. Cumpre esclarecer que a ABF não exerce o papel de órgão regulador do sistema de *franchising*, mas é inegável a sua contribuição e importância, como associação, para o *franchising* brasileiro.

Nesse sentido, as inovações do Código Civil trouxeram um verdadeiro alento à parte afetada pelo desequilíbrio econômico, que, diga-se, invariavelmente resulta no abuso de poder, especialmente nas relações contratuais.

Ao abrir o capítulo da Teoria Geral dos Contratos, o Código Civil estabelece fundamental preceito inserido no artigo 421[12], atribuindo às partes verdadeira liberdade de contratar e, ao mesmo tempo, balizando os limites estabelecidos nas normas cogentes, especialmente a finalidade social dessa prerrogativa. Na mesma esteira, o artigo 425[13] revela que o Código inova na forma pela qual as partes contratam e indica claramente a necessidade de observar as normas gerais.

Há de considerar, ainda, o disposto nos artigos 112[14] e 113[15] do referido *Codex* ao inserir no bojo do instituto do negócio jurídico o princípio da boa-fé objetiva, assim como a disposição dos artigos 422[16] e 187[17].

---

[8] Disponível em: <http://www.franchise.org/>. Acesso em: 10 jun. 2016.

[9] Disponível em: <https://www.thebfa.org/>. Acesso em: 10 jun. 2016.

[10] Disponível em: <http://www.unidroit.org/news>. Acesso em: 10 jun. 2016.

[11] Disponível em: <https://processoassociativo.abf.com.br/Content/Documentos/Codigo-de-Conduta-e-principios-eticos.pdf>. Acesso em: 10 jun. 2016.

[12] "Art. 421. A liberdade de contratar será exercida em razão e nos limites da função social do contrato."

[13] "Art. 425. É lícito às partes estipular contratos atípicos, observadas as normas gerais fixadas neste Código."

[14] "Art. 112. Nas declarações de vontade se atenderá mais à intenção nelas consubstanciada do que ao sentido literal da linguagem."

[15] "Art. 113. Os negócios jurídicos devem ser interpretados conforme a boa-fé e os usos do lugar de sua celebração."

Forgioni (2009), ao se manifestar sobre as inovações do Código Civil de 2002 (função social do contrato, boa-fé objetiva, revisão por onerosidade excessiva etc.), alerta para a "consumerização" do direito empresarial, ao possibilitar que magistrados façam justiça às relações contratuais, à revelia dos princípios da autonomia da vontade e do *pacta sunt servanda*.

Inegável, portanto, que a Teoria Geral dos Contratos está fundamentada nos preceitos de equidade, boa-fé, função social e segurança com a finalidade de estabelecer o equilíbrio nas relações contratuais em busca do ideal de justiça. Podemos admitir que o marco legal tem como característica principal o conceito de *franchising* e o dever de publicidade – Circular de Oferta de Franquia – do franqueador perante o candidato, aproximando-se do gênero *disclousure statute* do direito norte-americano em que a norma é imperativa em relação à transparência da relação, mas sem regular o conteúdo contratual (EPSTEIN; NICKLES, 1976, p. 28-34 e 275-289 apud COELHO, 2012, p. 126).

O objetivo da lei, em resumo, é de criar ao interessado condições de avaliação prévia do negócio com informações necessárias e prazo suficiente para consultar advogados e especialistas a respeito do negócio objeto da franquia, proporcionando-lhe conhecer os riscos e as vantagens antes de tomar a decisão e efetuar pagamentos.

Se o mundo empresarial do *franchising* convive com a falta de plena regulação, e isso, como dito, não é necessariamente ruim, até porque há vantagens e desvantagens nisso, a doutrina também diverge, entre outros temas, sobre a natureza jurídica do contrato de franquia.

A propósito, interessa analisar a natureza jurídica do contrato de franquia, se típico ou atípico, para aplicação da sua interpretação no enfrentamento das questões trazidas nesta obra, especialmente ao analisarmos as causas de término da relação contratual e a interpretação do contrato.

Temos certo que a regulação legal é genérica e desencadeia, por consequência, divergências na doutrina acerca da natureza jurídica do contrato de franquia. Apesar de nominado, alguns entendem que o fato de ser regulado por lei seria suficiente para lhe conferir tipicidade.

---

[16] "Art. 422. Os contratantes são obrigados a guardar, assim na conclusão do contrato, como em sua execução, os princípios de probidade e boa-fé."

[17] "Art. 187. Também comete ato ilícito o titular de um direito que, ao exercê-lo, excede manifestamente os limites impostos pelo seu fim econômico ou social, pela boa-fé ou pelos bons costumes."

Na doutrina temos do lado da tipicidade Martins (2010), que já sustentou posicionamento contrário, Roque (1997), Podestá (2008), Amendoeira Júnior (2012), Abrão (1995), Cretella Neto (2003); já pela atipicidade temos Coelho (2012); Diniz (2005) e Fernandes (2000).

Neste livro, o autor está pela corrente minoritária por concordar com Pereira[18] (2010) e entender que o fato de a Lei nº 8.955/94 disciplinar o sistema de franquia não é suficiente para tornar o contrato de franquia em típico. Isso porque, nos contratos em geral, no ensinamento de Barcellos (2009, p. 15) "para ser considerado um contrato típico, é imperioso haver uma regulação legal razoavelmente completa de tal modo que seja possível contratar por referência, sem que as partes tenham de clausular o fundamental do contrato, e que possa servir de padrão, não só na contratação, mas também na integração e na decisão de casos controvertidos". Continuando, "O contrato mantém-se atípico mesmo que a Lei a ele se refira ou limite-se a disciplinar certos aspectos dele, de maneira incompleta". No mesmo sentido entendem Vasconcelos (2009), Rui Pinto Duarte (2000), o jurista italiano Sacco (1966).

São os chamados contratos socialmente típicos, mas legalmente atípicos. A Lei de Franquia não se aprofunda suficientemente para determinar a regulação do contrato de franquia. Dedica-se muito mais às necessidades de informações da Circular de Oferta de Franquia, que não gera vinculação entre as partes, do que ao contrato propriamente dito.

Vasconcelos (2009) e Barcellos (2009) citam que doutrinadores questionam como aplicar as normas aos contratos atípicos e indicam três soluções, com base nos seguintes autores: *i)* a teoria da absorção de Lotmar; *ii)* a teoria da combinação de Hoeniger; e *iii)* a teoria da aplicação analógica do direito de Schreiber, com aplicação da teoria subsidiária da criação, quando necessário.

Sem a pretensão de esgotar cada teoria, mas comprometido com o dever de informar qualificadamente, ainda que brevemente, temos:

A teoria da absorção: Lotmar (apud SACCO, 1966) propôs a interpretação para contratos atípicos mistos, partindo do elemento principal do contrato, que absorveria as matérias subordinadas relacionadas.

---

[18] Pereira (2010, p. 60 e 61) defende que "a importância prática da classificação não pode ser renegada. Quando os contratantes realizam um ajuste daqueles que são *típicos*, adotam implicitamente as normas legais que compõem a sua dogmática. [...] A celebração de um contrato atípico exige-lhes o cuidado de descerem a minúcias extremas, porque na sua disciplina legal falta a sua regulamentação específica".

A teoria da combinação: Hoeniger (apud SACCO, 1966), basicamente aplicava, além do tipo, às prestações correspondentes, diretamente os seus elementos típicos. Há críticas em relação a essa teoria que cria uma premissa falsa de que contratos atípicos seriam a soma de contratos típicos cujas parcelas poderiam ser isoladas. Sabe-se, hoje, que os elementos contratuais se fundem e o contrato tem uma função social.

A teoria da aplicação analógica do direito: Schreiber (apud SACCO, 1966), propôs a aplicação indireta das normas de contratos típicos aos contratos atípicos mistos, por analogia, e diretamente apenas a parte geral das obrigações. É reconhecida como uma evolução da teoria da combinação.

A teoria da criação: tem a proposta de interpretar e integrar os contratos com base nos princípios e cláusulas gerais, quando não houver um contrato típico que permita a aplicação analógica.

Crítica à aplicação das teorias da absorção, da combinação e da aplicação analógica, segundo Barcellos (2009), é de que para a aplicação de qualquer uma das três teorias aos contratos atípicos dever-se-á adotar a lente dos contratos típicos.

O autor reforça que a busca pela segurança jurídica é a causa dessa tendência de reduzir os contratos aos esquemas dos contratos nominados, o que não parece lícito por ignorar, ou restringir, a importância de todas as características extraordinárias daquele contrato específico. Assim, em vez de uma visão fracionada, deve o intérprete considerar o negócio como um todo, observando as diferenças, pois, se elas não existissem, as partes não teriam renunciado à celebração de um contrato típico.

Venosa (2014) reitera esta ideia. Para o autor, não deve o intérprete fixar-se em normas predeterminadas. Os contratos atípicos devem ser examinados de acordo com a intenção das partes e os princípios gerais que regem os negócios jurídicos e os contratos em particular. A força de usos e costumes também é muito presente em sua elaboração e interpretação. Assim, as partes também terão liberdade de estabelecer em contrato regras de interpretação para colaborar com o intérprete, conferindo maior segurança jurídica ao negócio e diminuindo a interferência legislativa acima citada.

Devemos registrar, nesse sentido, as recentes alterações do Novo Código de Processo Civil (NCPC), ao permitir o chamado negócio processual antes e durante o curso da demanda judicial.

Em essência, podemos concluir que autonomia da vontade não pode ser adotada com exclusividade e plenitude na interpretação dos contratos.

REFERENCIAL TEÓRICO

Há de se reconhecer a eficácia normativa dos preceitos de equidade, boa-fé, função social, segurança e ponderá-los como regra de hermenêutica, com a finalidade de estabelecer o equilíbrio nas relações contratuais e na interpretação dos contratos, em busca do ideal de justiça. Por fim, caberá ao juiz aplicar a analogia e os costumes, subsidiariamente.

Nesse sentido, a autonomia da vontade das partes e a ausência de normas específicas que regulem os contratos atípicos ganham importância para a sua interpretação.

Concordamos com Grau e Forgioni (2005, p. 291) que "da análise de nossa doutrina e jurisprudência resulta pacífica a conclusão de que regra bem definida orienta a hermenêutica das cláusulas de não concorrência: *sua interpretação há de ser restritiva*".

O artigo 425 do Código Civil reconhece expressamente a licitude dos contratos atípicos e estabelece, para tanto, que as partes devem observar as normas gerais fixadas no referido *Codex,* o que significa limitação à liberdade de contratar.

Classificação igualmente importante é a bilateralidade do contrato de franquia. Para a maioria da doutrina, com a qual concordamos, é de que o contrato de franquia é bilateral, pois prevê obrigações para ambas as partes[19].

Nesse sentido, aplica-se ao contrato de franquia o princípio da exceção do contrato não cumprido – *exceptio non adimpleti contractus* – prevista no artigo 476 do Código Civil: "nos contratos bilaterais, nenhum dos contratantes, antes de cumprida a sua obrigação, pode exigir o implemento do outro".

Outro aspecto importante do contrato de franquia diz respeito a sua característica que, no nosso entendimento, não é por adesão, na medida em que o franqueador, apesar de ser o responsável pela organização empresarial, criação e fornecimento de manuais e treinamentos para a transferência de *know-how*, fornece ao candidato a COF com dez dias de antecedência para análises, consultas a advogados, franqueados da rede e estudos econômicos/financeiros de viabilidade. Naturalmente, o próprio franqueador transfere as regras do negócio para o contrato de franquia sob o modelo por ele desenhado, estabelecendo condições previamente estipuladas, espe-

---

[19] "Não é pacífica a noção de contrato bilateral. Para alguns, assim deve qualificar-se todo o contrato que produz obrigações para as duas partes, enquanto para outros a sua característica é o sinalagma, isto é, a dependência recíproca das obrigações, razão por que preferem chamá-los contratos sinalagmáticos ou de prestações correlatas." (GOMES, 2008, p. 85).

cialmente em relação ao padrão do franqueador, elemento essencial do sistema de *franchising*. Todavia, não raro se estabelece negociação de taxas de franquia, *royalties*, taxas de renovação e questões particulares.

Nesse sentido, Fernandes (2009) filia-se à corrente contratualista com a qual concordamos. Ele defende que o contrato por adesão ou de adesão é aquele que se aprimora por um mecanismo específico, que pode não se enquadrar nos limites do conceito clássico de contrato, não deixando, porém, de ser de fato um contrato.

Lorenzeti (2004, p. 680) define o contrato por adesão de forma esclarecedora: "el contrato se celebra por adhesión cuando la redacción de sus cláusulas corresponde a una sola de las partes, mientras que la otra se limita a aceptarlas o rechazarlas, sin poder modificarlas".

Assim, para o contrato de franquia, não podemos adotar o artigo 423[20] do Código Civil para interpretá-lo, em razão de não se revestir das características de contrato por adesão. Temos, então, que a ausência de forte regulação do marco legal atrai para a relação contratual entre franqueador e franqueado a aplicação de normas destinadas aos contratos em geral.

2.4. Cláusula de Não Concorrência e Concorrência Desleal

A cláusula de não concorrência, *a priori*, parece de simples compreensão. No entanto, uma análise mais detida revela a verdadeira complexidade encontrada para compreendermos uma cláusula que está carregada de implicações obrigacionais e principiológicas; na prática, significa grande impacto financeiro e econômico na vida dos envolvidos.

Constatamos que muitos franqueadores não conferem à cláusula de não concorrência o cuidado necessário para modular os seus efeitos ao caso específico, como veremos na análise de nossa amostra, optando, equivocadamente, pelo padrão igualmente estabelecido para todas as situações, ainda que diferentes entre si, ignorando as particularidades dos casos.

Um dos primeiros casos brasileiros envolvendo o tema da não concorrência muito conhecido no meio jurídico é o da Companhia de Tecidos de Juta[21] em que a defesa, promovida por Rui Barbosa, sustentou a tese

---

[20] "Art. 423. Quando houver no contrato de adesão cláusulas ambíguas ou contraditórias, dever-se-á adotar a interpretação mais favorável ao aderente."

[21] Trata-se de um caso julgado pelo Supremo Tribunal Federal no ano de 1914. O comendador Antonio Álvares Penteado, dono da Fábrica Sant' Ana de tecidos de juta, resolveu constituir, em 1908, a Companhia Nacional de Tecidos de Juta (CNTJ), mediante a integralização

REFERENCIAL TEÓRICO

de que a renúncia ao direito do exercício de determinada atividade teria de ser expressa, o que não ocorrera, revelando-se vencedora no Supremo Tribunal Federal.

O Shopping Center Norte, localizado na cidade de São Paulo, foi condenado pelo Conselho Administrativo de Defesa Econômica por infração à Ordem Econômica. O Cade considerou a cláusula de exclusividade territorial (cláusula de raio), como uma infração à ordem econômica, nos termos do artigo 20, inciso I, culminado com o artigo 21, incisos IV e V, da Lei nº 8.884/94[22].

A chamada cláusula de raio impede uma empresa de abrir lojas em *shoppings* próximos um do outro.

Enquanto a cláusula de raio tem por finalidade proteger o mix comercial do *shopping center*, por meio de cláusula específica em contrato de locação, a cláusula de não concorrência prevista em contrato de franquia visa proteger o *know-how* do franqueador transmitido ao franqueado.

---

da própria Fábrica Sant' Ana. Para tanto, foi lavrada uma escritura na qual se arrolavam os bens a serem integralizados. Uma primeira assembleia geral foi realizada, aprovou-se a escritura e foram nomeados os peritos. Estes prepararam o laudo de avaliação dos bens a serem integralizados. O laudo foi aprovado pelos acionistas em uma segunda assembleia geral. Os bens tangíveis, móveis e imóveis, foram avaliados pelo perito em $ 7.500.000 contos de réis. Os peritos avaliaram em $ 3.000.000 a posição conquistada pela CNTJ no mercado, de modo que o capital social totalizou $ 10.500.000 réis. Pouco tempo depois, a CNTJ foi alienada ao Dr. Jorge Street por Antonio Alvares Penteado. Este, logo após, viajou à Europa para adquirir maquinário a ser utilizado para a constituição de uma nova companhia, a Companhia Paulista de Aniagem (CPA), que passou a atuar no mesmo setor da CNTJ, além de ser instalada nas proximidades da CNTJ. Alvares Penteado também enviou correspondências à sua antiga clientela para fazer negócios em nome da CPA. O capital social total da CPA era integralmente detido por herdeiros de Antonio Alvares Pentado. A CNTJ propôs ação contra Alvares Pentado, CPA e os herdeiros de Alvares Pentado, com base no entendimento de que sua alienação também compreendia a alienação da clientela, correspondente aos $ 3.000.000 réis que faziam parte do capital social. Assim, que eventual concorrência à CNTJ por parte da CPA seria uma violação do contrato de venda da CNTJ. A defesa de Alvares Pentado sustenta, por sua vez, que não existe renúncia tácita à liberdade de comércio e a posição conquistada no mercado utilizada pelos peritos para avaliar o capital social da CNTJ não se confunde com a freguesia, mas diz respeito única e tão somente à reputação da empresa. Advogado para Alvares Penteado, seus herdeiros e CPA: Ruy Barbosa. Advogado para a CNTJ: J. X. Carvalho de Mendonça. Disponível em: <www.disciplinas.stoa.usp.br/mod/resource/view. php?id=40058>. Acesso em: 10 jun. 2016.

[22] Disponível em: <http://www.conjur.com.br/2005-jan-22/shopping_sp_condenado_ aplicar_clausula_raio>. Acesso em: 30 ago. 2016.

Em que pese essa distinção de premissas, temos que os fundamentos trazidos pelo Cade para validar a cláusula de raio são os mesmos fundamentos de aplicabilidade da cláusula de não concorrência, ou seja: sua aplicação está estreitamente ligada à limitação de tempo, espaço e objeto, razão pela qual se justifica a análise desses casos.

Assim, o Cade, ao julgar a validade da cláusula de raio no Caso Center Norte[23], trouxe precedentes das Supremas Cortes dos Estados de Connecticut e Ohio – EUA, para sustentá-la. Fez, ainda, comparação com a cláusula de não concorrência para afirmar que sua validade está estreitamente ligada à limitação de tempo, espaço e objeto. Para o Cade, a razoabilidade desses elementos é compatível com a racionalidade econômica, não caracterizando ilícito concorrencial. Nesse sentido, que foi expedido o parecer do Procade[24]: Parecer nº 052/2009 da Procuradoria-Geral do Cade.

O STJ[25] julgou em 10/05/2016 o REsp 1.535.727 sobre a questão que envolvia cláusula de raio, inserida em contratos de locação de espaço em shopping center e decidiu pela sua legalidade, afastando o argumento de que é abusiva. O entendimento do STJ é de que os shoppings constituem uma estrutura comercial híbrida e peculiar e as cláusulas extravagantes servem para garantir o fim econômico do empreendimento.

Assim foi a decisão do STJ: "a cláusula de raio proíbe os lojistas de um shopping de explorar o mesmo ramo de negócio em um determinado raio de distância, com o objetivo de restringir a concorrência de oferta de bens e serviços no entorno do empreendimento".

Neste caso, o Tribunal de Justiça do Rio Grande do Sul já havia aceitado o pedido feito pelos shoppings sob o fundamento de que a cláusula de raio viola o princípio da livre concorrência com os outros shoppings; cria obstáculos para os empreendedores interessados em expandir o negócio; além

---

[23] O Cade, por unanimidade, entendeu que o Center Norte incidiu no artigo 20, incisos I e IV, c/c artigo 21, incisos IV e V, todos da Lei nº 8.884/94. O *shopping* foi condenado ao pagamento de multa e obrigado a retirar a "cláusula de raio" de todos os contratos vigentes e não mais incluí-la nos pactos a serem firmados.

[24] Procade nº 052/2009 da Procuradoria-Geral do Cade, acerca de caso análogo. Disponível em: <https://jus.com.br/artigos/41242/clausula-de-nao-concorrencia-na-visao-do-cade>. Acesso em: 1 jul. 2016.

[25] Disponível em: <http://www.stj.jus.br/sites/STJ/default/pt_BR/Comunica%C3%A7%C3%A3o/Not%C3%ADcias/Not%C3%ADcias/Cl%C3%A1usula-de-raio,-inserida-em--contratos-de-shopping-center,-n%C3%A3o-%C3%A9-abusiva>. Acesso em: 13 jun. 2016.

REFERENCIAL TEÓRICO

de acarretar prejuízos ao consumidor, que é induzido a frequentar determinado centro de compras para encontrar o estabelecimento que procura.

O entendimento do tribunal gaúcho não foi mantido. O relator do STJ, Ministro Marco Buzzi, destacou que a modalidade específica do contrato entre lojistas e *shopping* objetiva a viabilização econômica e administrativa, bem como o sucesso do empreendimento, almejados por ambas as partes. O relator também afastou a alegação de prejuízo ao consumidor, pois afirmou que a instalação dos lojistas, em outros empreendimentos, depende de inúmeros fatores. Ele esclareceu que a cláusula de raio acaba potencializando a concorrência com a abertura de outros empreendimentos no entorno.

Marco Buzzi também entendeu ser inviável impor limitações a contratos firmados, baseando-se apenas em situações genéricas, sem um caso concreto que alegue a abusividade da cláusula e os prejuízos sofridos.

Tal decisão do STJ consolida o entendimento de validade da cláusula de raio; no entanto, são imprescindíveis para não caracterizar sua abusividade as limitações geográficas e temporais.

Em que pese a diferença entre cláusula de raio e cláusula de não concorrência – enquanto a primeira está inserida em contratos de locação de *shoppings* e é utilizada durante a sua vigência, a segunda, sob a nossa ótica, está inserida em contratos de franquia com efeitos a partir da vigência e após o seu término –, há uma relação muito próxima entre ambas pela identidade de fundamentos (territorialidade, tempo e objeto), cujos efeitos interessam sobremaneira para o nosso estudo.

A concorrência entre franqueado e franqueador, durante a vigência do contrato de franquia, normalmente também é vedada, mas em cláusula apartada. Poderá haver casos em que essa proibição está incluída na própria cláusula de não concorrência.

O caso que ficou bastante conhecido no setor de *franchising* é o caso Wizard x Wisdom, ambas escolas de idiomas.

No *site* Conjur[26], encontramos o registro do caso. A Wizard Brasil entrou com ação sob o argumento de que ex-franqueados constituíram nova franquia intitulada Wisdom Franchising, cujo material didático utilizado seguia a mesma linha pedagógica e apresentava idêntica estrutura metodológica da Wizard. A 20ª Vara Cível da Comarca de Curitiba (PR)

---

[26] Disponível em: <http://www.conjur.com.br/2009-out-09/franqueados-wizard-indenizar-wizard-brasil-plagio>. Acesso em: 13 jul. 2016.

não acolheu o pedido da empresa e o Tribunal de Justiça do Paraná manteve a sentença. A Wizard Brasil interpôs embargos infringentes no Superior Tribunal de Justiça. A decisão reformou a sentença de primeiro grau e condenou os franqueados a se absterem do uso da marca, do uso e da reprodução de livros didáticos, materiais dos professores, materiais de publicidade e propaganda, sob pena de pagamento de multa diária e ressarcimento pelos danos causados, a serem fixados em liquidação.

A 4ª Turma do Superior Tribunal de Justiça, ao julgar o REsp 695.792, por unanimidade, manteve a condenação da Wisdom e proibiu o uso da marca Wizard em sua rede. No STJ, foram interpostos recursos especiais pelos franqueados e por terceiros prejudicados — Wisdom Idiomas e Consultoria, Wisdom Net Franchising Ltda., Margit Mueller e Iones Ferreira dos Santos, mas desistiram da ação.

Além da Wizard, os principais prejudicados foram as centenas de franqueados e os milhares de alunos inscritos nos cursos da Wisdom, pois a decisão afetou todos os franqueados que tiveram de retirar o nome Wisdom da frente de seus estabelecimentos e recolher todo o material didático. A determinação abrangeu, ainda, todo material publicitário, placas, totens e toda e qualquer forma de divulgação da marca.

O litígio entre as empresas durou dezoito anos. A Wisdom chegou a ter, em todo o país, cerca de 230 unidades franqueadas[27]. A Wizard, criada em São Paulo, nos anos 1980, possuía, em 2012, 1.150 unidades em todo o Brasil e atender cerca de 500 mil alunos anualmente.

O emblemático caso Wizard x Wisdom serviu, e serve até hoje, de exemplo sobre um dilema enfrentado pelos magistrados diante da obrigação de julgar casos que impliquem não só a proibição do uso da marca, material didático e publicitário, mas, e principalmente, o encerramento da atividade e o fechamento da unidade. Isso se deve ao fato de a cláusula de não concorrência, quando legitimada e infringida, exigir do Poder Judiciário a coragem de determinar o encerramento da atividade e o seu fechamento por caracterizar concorrência desleal[28], nos termos da *Lei nº 9.279, de 14 de maio de 1996.*

---

[27] Disponível em: <http://www.opovo.com.br/app/opovo/economia/2012/05/31/noticiasjornaleconomia,2849762/justica-acata-acao-da-wizard-e-suspende-marca-wisdom.shtml>. Acesso em: 10 jun. 2016.

[28] "Art. 195. Comete crime de concorrência desleal quem: I – publica, por qualquer meio, falsa afirmação, em detrimento de concorrente, com o fim de obter vantagem; II – presta

Ainda que o *leading case* Wizard x Wisdom não tenha versado tecnicamente sobre cláusula de não concorrência, o efeito prático é o mesmo, pois a violação do direito implicará crime de concorrência desleal pelo aproveitamento próprio, ou alheio, de clientela de outrem. Urge, portanto, atentar para a importância e conscientização dessas decisões. Aliás, como veremos adiante no capítulo da jurisprudência, está cada vez mais difícil obter decisão judicial, liminar ou de mérito para o encerramento de atividade e/ou fechamento de unidade franqueada violadora da cláusula de não concorrência, em razão do apelo ao princípio da preservação da empresa, sobretudo em tempos de crise. Todavia, tal medida não teria sido menos gravosa no caso Wizard x Wisdom se, desde o início, houvesse decisão de encer-

ou divulga, acerca de concorrente, falsa informação, com o fim de obter vantagem; III – emprega meio fraudulento, para desviar, em proveito próprio ou alheio, clientela de outrem; IV – usa expressão ou sinal de propaganda alheios, ou os imita, de modo a criar confusão entre os produtos ou estabelecimentos; V – usa, indevidamente, nome comercial, título de estabelecimento ou insígnia alheios ou vende, expõe ou oferece à venda ou tem em estoque produto com essas referências; VI – substitui, pelo seu próprio nome ou razão social, em produto de outrem, o nome ou razão social deste, sem o seu consentimento; VII – atribui-se, como meio de propaganda, recompensa ou distinção que não obteve; VIII – vende ou expõe ou oferece à venda, em recipiente ou invólucro de outrem, produto adulterado ou falsificado, ou dele se utiliza para negociar com produto da mesma espécie, embora não adulterado ou falsificado, se o fato não constitui crime mais grave; IX – dá ou promete dinheiro ou outra utilidade a empregado de concorrente, para que o empregado, faltando ao dever do emprego, lhe proporcione vantagem; X – recebe dinheiro ou outra utilidade, ou aceita promessa de paga ou recompensa, para, faltando ao dever de empregado, proporcionar vantagem a concorrente do empregador; XI – divulga, explora ou utiliza-se, sem autorização, de conhecimentos, informações ou dados confidenciais, utilizáveis na indústria, comércio ou prestação de serviços, excluídos aqueles que sejam de conhecimento público ou que sejam evidentes para um técnico no assunto, a que teve acesso mediante relação contratual ou empregatícia, mesmo após o término do contrato; XII – divulga, explora ou utiliza-se, sem autorização, de conhecimentos ou informações a que se refere o inciso anterior, obtidos por meios ilícitos ou a que teve acesso mediante fraude; ou XIII – vende, expõe ou oferece à venda produto, declarando ser objeto de patente depositada, ou concedida, ou de desenho industrial registrado, que não o seja, ou menciona-o, em anúncio ou papel comercial, como depositado ou patenteado, ou registrado, sem o ser; XIV – divulga, explora ou utiliza-se, sem autorização, de resultados de testes ou outros dados não divulgados, cuja elaboração envolva esforço considerável e que tenham sido apresentados a entidades governamentais como condição para aprovar a comercialização de produtos. Pena – detenção, de 3 (três) meses a 1 (um) ano, ou multa. § 1º Inclui-se nas hipóteses a que se referem os incisos XI e XII o empregador, sócio ou administrador da empresa, que incorrer nas tipificações estabelecidas nos mencionados dispositivos."

ramento do uso do material didático com a manutenção das atividades? Certamente que sim, pois se verificou a franca expansão da rede Wisdom em escala nacional ante a ausência de uma decisão em sentido contrário.

Sugerimos uma reflexão acerca do resultado do embate jurídico e a não concessão da liminar (tutela pretendida), que permitiu a expansão de uma rede concorrente com 230 unidades franqueadas, ou seja, os juízes, temendo prejudicar o franqueado e seus funcionários, não quiseram fechar uma unidade, mas, com o êxito da ação, acabaram por determinar o encerramento de 230 unidades com franqueados e funcionários.

Esse fato nos remete à jurisprudência atual, ao proteger o franqueado e não conceder a liminar, porque havia irreversibilidade, mas vale dizer que a irreversibilidade na concessão da medida para um (franqueado) pode significar se não concedida a irreversibilidade para o outro (franqueadora) com prejuízos não indenizáveis, como ocorreu no caso Wizard e Wisdom.

Nessa seara, encontramos uma exceção. Ao julgar o Agravo de Instrumento 7.327.909-5, sendo Agravante Oswaldo Alves e Agravada Jani-King Franchising Inc., e interessados Finder's Franchising e Participações e outros, da Comarca de São Paulo, o TJSP negou provimento ao recurso para manter a decisão de primeira instância que deferiu a tutela antecipada para determinar a obrigação de não fazer, ou seja, o encerramento da atividade, ante o reconhecimento inconteste de violação, pelos réus, da cláusula de não concorrência. Reconheceu ainda a inocorrência de afronta ao artigo 170, V, da CF, tendo em vista o pacto da cláusula com pleno embasamento no inciso IVX, alíneas "a" e "b", do artigo 3º da Lei nº 8.955/94.

Dessa forma, a necessidade, mais uma vez, de estabelecer os limites aplicáveis às cláusulas de não concorrência e fazer a sua *modulação* ao caso específico, a fim de atribuir segurança jurídica para as partes, proteção aos consumidores e, consequentemente, o reconhecimento perante o Poder Judiciário e câmaras arbitrais sem relativizações.

Como já vimos, é de fundamental importância para *a validade da cláusula de raio a previsão de limitação temporal, territorial e do objeto* para impedir o exercício de atividade concorrencial. Os *mesmos requisitos também são atribuídos à cláusula de não concorrência para sua plena aplicabilidade,* doravante denominaremos como *requisitos essenciais.* Resta-nos analisar em que medida essas limitações são aceitas.

Cumpre esclarecer que, em se tratando de redes novas e/ou ainda em expansão, cuja capilaridade não seja sua característica, a *limitação territorial poderá ser ampliada* para além do território cedido em contrato de franquia, a fim de preservar o *know-how* do franqueador, mas deverão ser observados os princípios gerais do Código Civil.

De plano, Marcelo Lamy (2002) refere-se ao tema lembrando a norma da Comunidade Econômica Europeia, que restringe a proibição por um ano, mas o assunto requer análise mais aprofundada. Utilizar o canal de franquias para promover a expansão dos negócios caracteriza uma forma estratégica de crescimento em vendas ou serviços, também em novos mercados; no entanto, para que isso seja possível, o franqueador se utiliza, invariavelmente, como já dissemos, da transferência de *know-how* ao franqueado, que adquire o conhecimento como forma de viabilizar o desenvolvimento do negócio.

Dessa forma, *know-how* pode ser admitido como o conjunto de métodos, sistematização de técnicas de produção ou de prestação de serviços e organização de determinada atividade. Como explica Marcelo Lamy (2002), a transferência do *know-how* abrange o *engeneering, management e marketing*. O *engeneering* está relacionado às questões técnicas de construção ou adaptação do prédio para viabilizar a atividade pretendida. O *management* diz respeito à organização administrativa, contábil e de treinamentos. Já o *marketing* pode ser entendido como as técnicas de comercialização, publicidade, técnicas de venda, lançamento de produtos, promoções e estudo de mercado.

Muitas redes franqueadoras adotam contratos preliminares de franquia para viabilizar a expansão. Faz-se necessária sua utilização para que o ainda candidato, sozinho ou com a ajuda do franqueador, busque o ponto comercial, constitua a sua empresa, firme contrato de locação, adquira os produtos iniciais, pague a taxa de franquia, apresente seus sócios e sócios operadores, apresente certidões; enfim, uma série de obrigações até que se chegue na unidade pronta e acabada, dentro dos padrões do franqueador.

Esses contratos preliminares têm, via de regra, vigência de cento e vinte a cento e oitenta dias, tempo suficiente para o candidato preparar a unidade franqueada. Nesse mesmo período, o candidato e sua equipe são submetidos aos treinamentos aplicados pelo franqueador, ou seja, momento crucial de transferência de *know-how* e revelação de informações confidenciais. A depender do segmento, são inúmeros os treinamentos e manuais entregues ao candidato. Concluída esta fase, com a unidade padronizada pronta para iniciar as atividades, firma-se o contrato de franquia, que deverá ser o mesmo modelo que constou como ainda minuta na Circular de Oferta de Franquia, requisito legal.

Há, portanto, diferenças entre o *know-how* aqui analisado daquele contrato de *know-how* muito utilizado para transferência de tecnologia apenas e tão somente, pois não há uma estreita relação de direitos e obrigações inerentes ao contrato de franquia. Podemos dizer, então, que o *know-how* possui natureza de propriedade intelectual, revestido de segredo de negócio, cuja característica de bem imaterial também pode ganhar contornos de patente, a depender da necessidade de sua transferência para o processo de produção.

De outro turno, não estará sujeito à patente, nos termos do artigo 10 da Lei nº 9.279/96, o *know-how*, afeito à gestão de negócios, métodos de organização etc., mas estará protegido pelo sistema repressor à concorrência desleal em razão do segredo de negócio, conforme o artigo 195, inciso XI, da mesma lei. Importante lembrar que o franqueador, além de ter desenvolvido e transferido o *know-how* imprescindível para o desenvolvimento e expansão do negócio, também autoriza o uso de sua marca mediante remuneração. É praxe também a previsão de pagamento de taxa inicial de franquia, quando se tratar de abertura de unidade, taxa de renovação contratual, taxa de publicidade ou fundo de propaganda.

Além disso, é comum a previsão de pagamento de *royalties*. De acordo com a Lei nº 8.955/94, os *royalties* são definidos como a "remuneração periódica pelo uso do sistema, da marca ou em troca dos serviços efetivamente prestados pelo franqueador ao franqueado".

Apenas para esclarecer, enquanto os *royalties* e as taxas de franquia e de renovação contratual remuneram os investimentos do franqueador para realizar a transferência de *know-how*, também remuneram a autorização pelo uso da marca.

Em contrapartida, os valores recebidos a título de taxa de publicidade ou fundo de propaganda, têm natureza jurídica de recursos de terceiros e não compõem a receita do franqueador para fins tributários. Aliás, não raro os franqueados se organizam por meio de associações de franqueados, normalmente de natureza meramente consultiva, sem poder deliberativo, mas com o propósito de contribuir para as decisões estratégicas de *marketing*, promoções, preços e, sobretudo, fiscalizar a arrecadação e a destinação dos valores recebidos pelo franqueador sob esta rubrica. Pros-

REFERENCIAL TEÓRICO

seguindo, para promover a proteção do franqueador, além da conhecida cláusula de confidencialidade, a cláusula de não concorrência é invariavelmente encontrada nos contratos preliminares e contratos de franquia. Recomenda-se, também, estipular o pagamento de multa contratual caso o franqueado descumpra a cláusula de não concorrência, doravante denominaremos *requisito de eficiência*.

Neste livro, considera-se para cláusula de não concorrência a natureza de renúncia[29] temporária do franqueado ao seu direito de exercer determinada atividade em um território definido e por tempo estipulado. O meio para chegar ao seu cumprimento é a obrigação de não fazer.

A irreversibilidade da transferência do *know-how* do franqueador para o fraqueado, que se aproveita dos segredos e modelos de um negócio, é a razão de existência da cláusula de não concorrência, pois visa impedir que o franqueado, ao obter este conhecimento, aufira vantagens comerciais por meio de concorrência desleal.

Outra finalidade da cláusula de não concorrência, mas quase nunca admitida pelos franqueados, é a proteção da própria rede franqueada, ao impedir que o ex-franqueado concorra de forma desigual e desleal, aproveitando-se do mesmo *know-how* dos franqueados, mas sem o ônus do pagamento de *royalties*, taxas etc. Nesse caso, utilizando-se de bandeira branca – sua própria marca que não é franquia – ou até mesmo praticando a virada de bandeira para rede de franquia concorrente (*player*).

Assim, ao término da relação contratual, seja qual for o motivo, o ex--franqueado estará, em tese, impedido de desenvolver a mesma atividade no mesmo local, que poderá se estender em território delimitado, e por período determinado, devendo descaracterizar a unidade padronizada, devolver os manuais e materiais destinados à transferência do *know-how*, além de manter o dever de guardar sigilo de todas as informações consideradas segredo de negócio.

Miranda (2002) ensina que a concorrência desleal com infração à livre concorrência, sempre resulta na abstenção ou indenização, podendo ser ou não reprimível criminalmente.

Devemos lembrar que a cláusula de não concorrência não poderá estabelecer a proibição indefinida da atividade empresarial pelo ex-franqueado,

---

[29] "Art. 114. Os negócios jurídicos benéficos e a renúncia interpretam-se estritamente."

APLICABILIDADE E LIMITES DAS CLÁUSULAS DE NÃO CONCORRÊNCIA NOS CONTRATOS...

sob pena de ferir o artigo 5º, inciso XIII, da CF[30]. No entanto, se não houver disposição contratual em sentido contrário, poderá o ex-franqueado alienar o estabelecimento a terceiros independentes para dar continuidade à atividade, desde que descaracterizada a padronização arquitetônica, podendo, inclusive, revestir-se no novo modelo de negócio franqueado.

Nesse sentido, o TJSP, ao julgar a Apelação nº 0040289-37.2012.8.26.0007 – Voto nº 24.377 4/4, sendo partes Multi Brasil Franqueadora e Carmona & Roman Educacional, entendeu que a alegação da franqueadora não poderia ser acolhida, com base no inadimplemento de duas cláusulas contratuais: uma que impedia a prática da atividade por dois anos e a outra que determinava que o fundo de comércio deveria ser restituído. Não restou configurada a prática de concorrência desleal, pois a franqueadora não comprovou que a apelada mantinha alguma participação na empresa estabelecida no local onde funcionava uma unidade da Microlins e, reconhece que terceiros exploravam a escola denominada Micromix, contra quem já foi proposta ação.

Em contrapartida, para que haja equilíbrio e harmonia entre as obrigações estabelecidas no contrato de franquia e as normas constitucionais, a cláusula de não concorrência deverá ser cuidadosamente *modulada* para impedir o enriquecimento ilícito do ex-franqueado por meio da prática de concorrência desleal.

Nesse sentido, o STF[31] já decidiu que:

> a livre concorrência, como toda liberdade, não é irrestrita; o seu exercício encontra limites nos preceitos legais que a regulam e no direito dos outros concorrentes, pressupondo um exercício leal e honesto do direito próprio, expressivo da propriedade profissional: excedidos estes limites, surge a concorrência desleal.

---

[30] "Art. 5º Todos são iguais perante a lei, sem distinção de qualquer natureza, garantindo-se aos brasileiros e aos estrangeiros residentes no País a inviolabilidade do direito à vida, à liberdade, à igualdade, à segurança e à propriedade, nos termos seguintes:
[...]
XIII – e livre o exercício de qualquer trabalho, ofício ou profissão, atendidas as qualificações profissionais que a lei estabelecer."
[31] STF – 2ª Turma – RE 5.232-SP, Rel. Min. Edgard Costa, j. 09/12/1947 – v.u. – *DJ* 11/10/1949, p. 3.262, *RT* 184/914.

REFERENCIAL TEÓRICO

Estratégia de mercado adotada pelos franqueadores é a constituição de comodato desses materiais e também de luminosos, *totens*, painéis, enfim, objetos que se destinem à identificação da marca, para facilitar a rápida retomada ao fim da relação contratual, com o objetivo de dar efetividade à descaracterização da unidade e evitar a confusão por parte dos consumidores.

Também pode ocorrer a prática pelo ex-franqueado do *trade dress*. Trata-se de instituto do direito norte-americano em que, apesar de retirados os luminosos e a sinalização da marca, mantêm-se cores, identidade visual, elementos distintivos de produtos, serviços ou do estabelecimento, ou seja, levando os consumidores a erro por entenderem se tratar do mesmo negócio.

No Brasil, o *trade dress* é considerado concorrência desleal e exige rápidas providências da parte lesada para notificar a outra, causadora do dano, e, caso insista, mover a ação competente para descaracterizar definitivamente a unidade e responder por perdas e danos. Devemos lembrar, ainda que no direito privado, de acordo com o artigo 1.147[32] do Código Civil, se adota a regra implícita de não restabelecimento, pelo prazo de cinco anos, a contar da assinatura do contrato que tenha por objeto a alienação, o usufruto ou arrendamento do estabelecimento.

Cumpre esclarecer que prática do *trade dress* pode ocorrer independentemente da existência da cláusula de não concorrência. Aliás, poderá existir até mesmo na ausência de relação contratual e/ou comercial entre as partes. Para a sua configuração, basta a identidade visual e elementos distintivos de produtos, serviços ou do estabelecimento, capazes de confundir os consumidores, caracterizando, portanto, concorrência desleal.

Outra peculiaridade aos contratos de franquia é a cláusula de território. Há redes cujo território delimitado é definido com exclusividade de exploração pelo franqueado e redes com direito de preferência sem exclusividade. Problemas que normalmente acometem os franqueadores que concedem exclusividade territorial são: i) a limitação de crescimento quando a rede é capilarizada; ii) sobreposição de territórios, ante a dificuldade de delimitações geográficas compatíveis com a demanda; iii) interferência operacional causada pelos serviços de *delivery* em que o franqueado atende clientes de outros territórios.

---

[32] Não havendo autorização expressa, o alienante do estabelecimento não pode fazer concorrência ao adquirente, nos cinco anos subsequentes à transferência.

Outro dispositivo do Código Civil que traz o preceito da função social dos contratos é o artigo 473, parágrafo único[33]. No setor de *franchising*, é conhecido como *payback*, ou seja, o tempo mínimo necessário para obtenção do retorno do capital investido. Assim, caso o prazo do contrato de franquia seja inferior ao prazo do *payback* e se o franqueador optar pela não renovação contratual, ele estará sujeito ao pagamento de indenização e eventuais perdas e danos.

2.4.1. A Atividade Essencial, Uniprofissional e o Prévio Domínio do *Know-How*

O nosso ponto de convergência até aqui é de que a racionalidade da cláusula de não concorrência é impedir que o ex-franqueado, ao utilizar o *know-how* adquirido, concorra ou pratique concorrência desleal no mesmo ponto comercial sem bandeira ou com outra bandeira (*player*), nesse último, o mercado denomina como virada de bandeira.

Cumpre esclarecer que a cláusula de não concorrência não impõe o fim da atividade empresarial do ex-franqueado, pois apenas impedirá, por um período determinado, o aproveitamento de clientela, naquele território, relativa ao estabelecimento.

Também é importante registrar que a multa por descumprimento à cláusula de não concorrência é fundamental para a sua efetividade. Aliás, a multa deverá ser igualmente *modulada* para ser capaz de inibir o descumprimento e, ao mesmo tempo, não ser considerada elevada. Recomenda-se uma multa específica, como *requisito de eficiência*, para a cláusula de não concorrência e de valor significativo para inibir, ainda, a opção do seu pagamento pelo ex-franqueado para prosseguir com a atividade naquele território protegido pela cláusula de não concorrência. Assim, ela deve ser alta o suficiente para inibir o seu pagamento e autorizar o prosseguimento da atividade, mas também não tão elevada que possa ser considerada abusiva. Daí a necessidade de avaliação caso a caso.

Parâmetros que poderão ser utilizados para balizamento da multa são os valores devidos a título de *royalties* – fixos e variáveis – e as taxas de

---

[33] "Art. 473. A resilição unilateral, nos casos em que a lei expressa ou implicitamente o permita, opera mediante denúncia notificada à outra parte. Parágrafo único. Se, porém, dada a natureza do contrato, uma das partes houver feito investimentos consideráveis para a sua execução, a denúncia unilateral só produzirá efeito depois de transcorrido prazo compatível com a natureza e o vulto dos investimentos."

franquia e renovação. É comum encontrar multas estabelecidas dentro do parâmetro de até dez vezes o valor da taxa inicial ou de renovação do contrato de franquia.

Outrossim, a viabilidade de uma rede de franquia está visceralmente relacionada ao potencial de demanda. Todas as redes de franquia bem--sucedidas estão em grandes centros, cidades grandes, médias e pequenas, mas nessa última raramente encontramos mais de uma ou duas redes de franquias e praticamente nenhuma em cidades muito pequenas.

Significa afirmar que a *atividade essencial* só será de fato importante em locais onde não haja uma gama significativa de concorrentes, pois o intuito legal é no sentido de garantir aos consumidores o acesso àquele serviço ou produto, como de utilidade pública.

Nesse sentido, temos que a definição legal[34] de *atividades essenciais* foi estabelecida pela lei que dispõe sobre o exercício do direito de greve *Lei nº 7.783, de 28 de junho de 1989*. O inciso III chama atenção também para redes de franquia, cuja atividade está classificada como essencial, a exemplo das farmácias[35].

No caso de encerramento de atividade de uma farmácia, onde o mercado local está repleto de concorrentes, a exemplo de grandes centros, não faz sentido alegar violação do direito ao apelo da essencialidade da atividade, pois, nesse exemplo, o acesso aos serviços e/ou produtos estará garantido pela própria competitividade mercantil.

No entanto, ainda que seja difícil admitir tal exemplo, em se tratando de uma farmácia, cujo mercado local só é atendido por essa unidade franque-

---

[34] "Art. 10. São considerados serviços ou atividades essenciais:
I – tratamento e abastecimento de água; produção e distribuição de energia elétrica, gás e combustíveis;
II – assistência médica e hospitalar;
III – distribuição e comercialização de medicamentos e alimentos;
IV – funerários;
V – transporte coletivo;
VI – captação e tratamento de esgoto e lixo;
VII – telecomunicações;
VIII – guarda, uso e controle de substâncias radioativas, equipamentos e materiais nucleares;
IX – processamento de dados ligados a serviços essenciais;
X – controle de tráfego aéreo;
XI – compensação bancária."
[35] Disponível em: <http://www.portaldofranchising.com.br/franquias-de-beleza-saude-farmacias-e-produtos-naturais>. Acesso em: 15 jun. 2016.

ada, fará sentido trazer o argumento da essencialidade da atividade. Todavia, ainda assim não seria possível admitir como suficiente para anular a cláusula de não concorrência, bastando para tanto o franqueador dar continuidade à atividade, seja por meio de unidade própria, seja de novo franqueado.

Podemos afirmar, então, que a atividade essencial está mais relacionada a fatores extrínsecos, de mercado, e não intrínsecos relacionados à cláusula de não concorrência. Pretender o ex-franqueado anular a cláusula de não concorrência apenas sob o argumento da essencialidade da atividade, em proveito próprio, mas desprezando os verdadeiros destinatários da lei (consumidores) seria o mesmo que pretender o enriquecimento sem causa.

Assim, mesmo diante da interpretação restritiva e mais favorável ao aderente, como já vimos acerca da interpretação do contrato de franquia, a cláusula de não concorrência em *atividade essencial*, a princípio, seria igualmente válida, desde que atendidos os seus requisitos também já analisados.

Do mesmo modo, a atividade *uniprofissional* e o *prévio domínio do know-how* são alguns questionamentos específicos, sensíveis, e demandam cautelosa análise em relação à compatibilidade com a cláusula de não concorrência.

Ressaltamos que a todo direito fundamental corresponde um dever correlato, ou seja, ao mesmo tempo em que se estabelece ao indivíduo uma garantia constitucional, espera-se que seu comportamento seja compatível para que os demais também possam exercê-lo. Para dirimir aparentes conflitos, Alexy (2011) criou a técnica da ponderação como solução de colisões de princípios constitucionais.

Os princípios norteadores do tema são: *i)* a ordem econômica e a livre iniciativa prevista no artigo 170, *caput*, parágrafo único, da CF[36]; *ii)* livre concorrência (art. 170, IV);[37] e *iii)* a liberdade de atividade profissional (art. 5º, XIII)[38].

---

[36] "Art. 170. A ordem econômica, fundada na valorização do trabalho humano e na livre iniciativa, tem por fim assegurar a todos existência digna, conforme os ditames da justiça social, observados os seguintes princípios:
I – soberania nacional.
Parágrafo único. É assegurado a todos o livre exercício de qualquer atividade econômica, independentemente de autorização de órgãos públicos, salvo nos casos previstos em lei."
[37] "IV – livre concorrência."
[38] "Art. 5º Todos são iguais perante a lei, sem distinção de qualquer natureza, garantindo-se aos brasileiros e aos estrangeiros residentes no País a inviolabilidade do direito à vida, à liberdade, à igualdade, à segurança e à propriedade, nos termos seguintes:

REFERENCIAL TEÓRICO

Temos então que o "juízo de ponderação é construído a partir da própria concretização do entendimento extraído de um determinado princípio, ocasionando, portanto, a densificação da referida norma *in concreto*. A técnica da ponderação consiste em técnica de decisão judicial diante de casos essencialmente difíceis, principalmente em discussões acerca do princípio da proporcionalidade e do conteúdo múltiplo dos direitos fundamentais[39]". Fiedra (2007, p. 99), após registros conceituais que não serão abordados para que possamos conferir mais profundidade ao tema, conclui de modo esclarecedor em sua obra sobre não concorrência:

> Ao incidir a obrigação de não concorrência sobre o caso concreto, deve sempre ser observado o princípio da proporcionalidade a fim de que as restrições aos princípios da livre-iniciativa e da livre concorrência sejam na medida exata da proteção ao estabelecimento transferido. A obrigação de não concorrer restringe a liberdade do transmitente do estabelecimento de se associar livremente para exercer uma atividade profissional, de exercer livremente qualquer atividade e de concorrer, também, livremente. Então, ao incidir a regra da não concorrência em um caso concreto, a proibição deve ser na medida suficiente para impedir a disputa pela mesma clientela já conquistada pelo transmitente, eliminando-se, portanto, qualquer excesso.
>
> É necessário colocar na balança os princípios que estão em colisão com os direitos: de um lado, a restrição à livre concorrência e à livre iniciativa; e de outro, a obrigação de garantia do vendedor (regra da não concorrência). Para manter o equilíbrio dos dois lados da balança, deve-se aplicar o princípio da proporcionalidade, oferecendo, ao caso concreto, a solução ajustadora.

Ora, se, segundo Fiedra (2007, p. 99), "a proibição deve ser na medida suficiente para impedir a disputa pela mesma clientela já conquistada pelo transmitente, eliminando-se, portanto, qualquer excesso", podemos também afirmar que a cláusula de não concorrência não impõe o fim da atividade empresarial do ex-franqueado, pois apenas impedirá, por um período determinado, o aproveitamento de clientela relativa ao estabelecimento.

[...]
XIII – e livre o exercício de qualquer trabalho, ofício ou profissão, atendidas as qualificações profissionais que a lei estabelecer."

[39] Disponível em: <http://www.ambito-juridico.com.br/site/index.php?n_link=revista_artigos_leitura&artigo_id=10617>. Acesso em: 15 jun. 2016.

Significa defender que o ex-franqueado poderá manter a sua atividade imediatamente após o fim da relação contratual se fora do território delimitado, para não se beneficiar daquela clientela criada pela antiga unidade franqueada.

Também podemos afirmar que o objeto, como um dos *requisitos essenciais* da cláusula de não concorrência, necessita ser igualmente *modulado*, pois ainda que estabeleça o território e defina o prazo de proibição, o excesso ou a falta de estipulação específica para cada situação, como analisamos, poderá acarretar na sua nulidade ou relativização.

Tal situação se verifica porque há inúmeros segmentos que comportam vários mercados – subsegmentos. Por exemplo: uma franquia cuja atividade e público-alvo são sapatos femininos. É evidente que o público masculino e o infantil jamais concorrerão com o segmento de sapatos femininos. Assim, a cláusula de não concorrência, quanto ao seu objeto, não poderá proibir a exploração das atividades relacionadas ao mercado de sapatos masculinos e infantis. Seria extrapolar os limites da boa-fé objetiva, ampliando a restrição a mercados não explorados e de públicos distintos. Essa abusividade poderá relativizar a cláusula de não concorrência e implicar, inclusive, a sua nulidade.

Na mesma seara, podemos afirmar que cláusulas muito genéricas, dando amplo campo de não concorrência, podem inviabilizar sua aplicação – por exemplo, uma que impeça atuar em alimentação sendo que a franquia era de comida italiana e o ex-franqueado quer atuar com comida japonesa agora.

Ainda, podemos afirmar também que o ex-franqueado poderá desenvolver a mesma atividade no mesmo território após o escoamento do prazo previsto na cláusula de não concorrência, daí sim, podendo utilizar as regras de mercado para captar novos clientes e reconquistar a antiga clientela.

A cláusula de não concorrência, portanto, *não ofende a CF e tampouco a legislação infraconstitucional*. Está prevista no artigo 3º, XIV, "a" e "b", do marco legal, entendimento este já manifestado por tribunais de justiça do país e STJ, cuja análise aprofundada se dará em capítulo próprio.

No entanto, em se tratando de *atividade uniprofissional* (ex.: dentista) ou *know-how* de conhecimento prévio do ex-franqueado (é comum um empresário de bandeira branca converter o seu negócio em franquia de renome), constituem exceção à regra. Impedir o profissional de desenvolver a sua atividade de formação e o empresário que já conhecia o ramo do negócio, portanto, ambos já dominavam o mesmo *know-how* do franqueador, seria uma abusividade violadora das garantias constitucionais mencionadas.

Nesses casos de *atividade uniprofissional,* solução que parece ser aceitável e condizente com a situação concreta, seria a proibição de manter os elementos identificadores da marca franqueada e equipamentos específicos do franqueador. Descaracterizado o padrão visual, *layout,* e se abstendo de utilizar maquinários, equipamentos e elementos específicos do franqueador, não poderá a cláusula de não concorrência proibir as respectivas atividades.

Como sugerimos, a cláusula de não concorrência deverá ser *modulada caso a caso.* Deverá levar em consideração se a profissão é de fato importante para aquele caso. Explico: poderá haver uma situação em que a pessoa tem a formação profissional, mas não a exerce e contrata outra pessoa que realmente exerça aquela profissão, como sócia operadora, para atender às necessidades do negócio. Por exemplo: uma pessoa tem formação de dentista, mas nunca a exercitou. Certo dia, decide abrir uma franquia de odontologia, mas como está fora do mercado há anos, contrata um profissional para se submeter aos testes e exigências do franqueador. Nesse caso, o franqueado terá como sócio operador da franquia o profissional por ele contratado para atender ao perfil exigido. Pensamos que, nesse exemplo específico, a cláusula de não concorrência poderá ser imposta, desde que na *modulação* sugerida, pois a profissão do franqueado ainda que relacionada à atividade empresarial da franquia seria irrelevante.

Para Coelho (2012, p. 309), "a propósito da restrição material (objeto), deve-se também considerar inválida a cláusula que impeça o contratante pessoa física de exercer a sua profissão". Do contrário, seria estimular o comportamento oportunista dos franqueadores para promover a concorrência autofágica, ao assediar no mercado profissionais e empresários com tais características para eliminá-los com a cláusula de não concorrência após a relação contratual, e esse comportamento não pode ser admitido.

Nesse sentido, decidiu o TJSP, sendo partes Agravante Multi Brasil Franqueadora e Participações Ltda, e Agravada Thais Nogueira Camargo.

> Na hipótese concreta, entretanto, o que se pleiteou e concedeu foi autorização para que a autora aqui agravada possa exercer sua profissão como pedagoga, sem que tal atividade represente a concorrência que se procurou

vedar. E não há, aí, em princípio, qualquer ilegalidade ou violação do contrato, porque, à evidência, não se pode impedir, em nome de tal disposição, que a pessoa física, profissional da área da educação, possa trabalhar com o instrumento que lhe conferiu sua qualificação. Claro que, com a deliberação judicial, não se autorizou a franqueada a abrir outro negócio, como empreendimento, no mesmo ramo de atividade, mas apenas o livre exercício de sua profissão. Nesses termos, com a observação acima, proponho que se negue provimento ao recurso.

É como voto. José Araldo da Costa Telles. Relator.[40]

A violação ou utilização indevida da cláusula de não concorrência pelo franqueador nessas hipóteses poderá caracterizar uma espécie de *concorrência antinegocial inversa*, atraindo responsabilidade contratual e, consequentemente, respondendo por eventuais perdas e danos.

Nesse sentido, começamos a delinear os *requisitos estratégicos*, que correspondem à *modulação* da cláusula de não concorrência para contemplar a atividade essencial, uniprofissional e o prévio domínio do *know-how*.

2.4.2. Descumprimento Contratual do Franqueador

O contrato de franquia estabelece inúmeras obrigações. De um lado, estão as regras impostas ao franqueado pelo franqueador, tais como manter o padrão arquitetônico atualizado, efetuar compras de fornecedores homologados, conservar estoque mínimo, efetuar pontualmente pagamentos de taxas e *royalties*, comparecer a reuniões, treinamentos, congressos, enfim, seguir as regras de negócio para dar unidade à rede franqueada. Por outro lado, ainda que em proporção bem menor, há obrigações do franqueador, que são: garantir o prazo contratual mínimo de retorno do investimento (*payback*), garantir o fornecimento à rede, dar treinamentos e atualizar a rede sobre inovações, produtos, serviços, técnicas, manuais, métodos, desenvolver campanhas de marketing etc.

O contrato também tem característica de trato sucessivo ou execução continuada, não se extinguindo com o cumprimento de apenas uma obrigação. A sua extinção poderá ocorrer pelo escoamento do tempo, resilição ou resolução. Via de regra, os contratos de franquia têm prazo de cinco

---

[40] Agravo de Instrumento nº 2095479-98.2014.8.26.0000 – Voto 31.168 4.

anos, exceto os casos de grandes investimentos (hotelaria) em que o prazo do *payback*[41] pode alcançar de dez a quinze anos, ou mais.

De maneira geral, a extinção do contrato quase sempre traz questões difíceis, envolvendo má-fé, abuso do poder econômico, enriquecimento sem causa ou vantagem excessiva a uma das partes.

Com base nos preceitos da boa-fé e do equilíbrio contratual, conforme abordamos no início desta obra, entendemos que a cláusula de não concorrência poderá ser relativizada se caracterizada a culpa do franqueador na resolução do contrato de franquia.

Vamos imaginar o seguinte exemplo: o franqueador recebe um candidato com alto poder de investimento, mas que estabelece como exigência a abertura de uma ou várias unidades em territórios já ocupados por franqueados não tão poderosos e até mesmo que apenas "cumprem a cartilha" sem pretensões de crescimento ou de planos ambiciosos. Para atender aos interesses de ambos, bastaria o franqueador simplesmente descumprir o contrato e/ou promover a sua resilição, mas impondo ao ex-franqueado a cláusula de não concorrência.

Haveria neste caso flagrante abuso do poder econômico e de direito não admitidos pelo nosso atual ordenamento jurídico. Admitir a resilição do contrato de franquia nesta situação, ou em situações similares, antes do término de sua vigência, seria o mesmo que admitir o benefício da própria torpeza. Pior ainda seria a situação se não houvesse transcorrido o prazo do *payback*, ou seja, ainda nesse exemplo, o franqueado poderia fazer valer o disposto no parágrafo único, do artigo 473 do Código Civil. Não bastaria o pagamento de multa pelo franqueador, seria direito do franqueado manter a exploração da atividade até o escoamento da vigência contratual. A medida seria puramente potestativa, portanto, nula de pleno direito[42].

Lisboa (2004, p. 498), sobre as cláusulas puramente potestativas, contribui para o nosso argumento:

---

[41] Parágrafo único do artigo 473 do Código Civil: "Se, porém, dada a natureza do contrato, uma das partes houver feito investimentos consideráveis para a sua execução, a denúncia unilateral só produzirá efeitos depois de transcorrido prazo compatível com a natureza e o vulto dos investimentos".

[42] "Art. 122. São lícitas, em geral, todas as condições não contrárias à lei, à ordem pública ou aos bons costumes; entre as condições defesas se incluem as que privarem de todo efeito o negócio jurídico, ou o sujeitarem ao puro arbítrio de uma das partes."

Condição potestativa é a imposta pelo arbítrio das partes. A condição puramente potestativa decorre da inexistência de interferência de qualquer fator externo e, por isso, não é considerada lícita. Caio Mário entende que a condição puramente potestativa põe ao arbítrio de uma das partes o próprio negócio. Anula o ato. Equipara-se a ela a indeterminação potestativa da prestação, que é nula. Veda-se a condição puramente potestativa, por depender do exclusivo arbítrio das partes, e a condição perplexa, ou seja, aquela, que priva o ato de todo efeito.

Para Miranda (1970, p. 157), a "potestatividade pura estabelece o arbítrio, que é a privação do direito, da relação jurídica; [...] o querer puro, sem limites, repugna ao direito".

Vale mencionar o abuso do direito previsto no artigo 187 do Código Civil que estabelece: "Também comete ato ilícito o titular de um direito que, ao exercê-lo, excede manifestamente os limites impostos pelo seu fim econômico ou social, pela boa-fé ou pelos bons costumes".

Nosso entendimento sobre essa questão coincide com os ensinamentos do professor Wald (2003, p. 193), ao defender que:

> são potestativas as condições que dependem da vontade do agente. Distinguem-se, na matéria, as condições puramente potestativas, que ficam ao exclusivo arbítrio de uma das contratantes e privam de todo o efeito o ato jurídico, das demais condições potestativas, em que se exige da parte um certo esforço, ou determinado trabalho. Viciam o ato as primeiras, citando-se como exemplo de condições puramente potestativas as seguintes: se a parte quiser, se pedir, se desejar etc.

Estamos diante, portanto, de ato ilícito cujo efeito jurídico prático é a sua nulidade, devendo ser retirado do meio em que se insere para inibir a prática violadora do direito e resguardar os interesses protegidos.

Não bastaria, neste caso, o pagamento de multa e indenização ao franqueado, o ato é nulo de pleno direito e deve-se resgatar o *status quo ante* para assegurar ao franqueado o direito de continuar com a sua atividade até a fluidez completa da vigência contratual. Há, de fato, verdadeira e legítima expectativa do franqueado em desenvolver a atividade pelo menos até o fim da vigência contratual e, geralmente, até da sua renovação.

É comum o perfil de franqueado que faz do negócio a sua vida e de sua família, em que anos se passam e até gerações se alternam para dar continuidade à atividade franqueada, inclusive o tema é objeto de incentivo, orientação e programas desenvolvidos por franqueadores para que haja interesse e capacitação dos sucessores nas operações das franquias[43].

Ademais, o Código de Conduta e Princípios Éticos da ABF[44] estabelece ao franqueador o dever de "respeitar as boas práticas de concorrência, com firme oposição a: § 1º aliciamento de franqueados, clientes e colaboradores de outros associados; § 2º invasão e canibalização de território". Desse modo, ao conferir como obrigação comportamental o respeito territorial, por si só, compromete a validade da prática do ato do franqueador em detrimento de apenas um ou parte da rede franqueada.

Mendelsohn (1994, p. 169) sustenta que, além das obrigações previstas, o franqueador também se compromete com o aperfeiçoamento da rede, devendo zelar pela proteção e desenvolvimento dela, extravasando os limites da relação jurídica franqueador-franqueado. Para Mendelsohn, há, além da relação franqueador-franqueado, o envolvimento de outras duas partes que "são todos os outros franqueados da rede de franquia e, em segundo lugar, o público consumidor".

Nesse sentido, Saavedra (2005) aponta para a pluralidade dos contratos de franquia em função de sua "objetivação", conforme teoria proposta por Roppo (2009):

---

[43] Disponível em: <http://exame.abril.com.br/revista-exame-pme/edicoes/46/noticias/para-quando-chegar-a-hora>. Acesso em: 29 jun. 2016.

[44] "Respeito:

Art. 6º A Ética se caracteriza pela prevalência dos valores coletivos sobre os individuais e se materializa, entre outros princípios, no respeito, que é reconhecido pela ética da reciprocidade. É um valor que conduz o homem a reconhecer, aceitar, apreciar e valorizar as qualidades do próximo, os seus direitos, deveres e responsabilidades. Por força deste princípio, deve-se:

I – colaborar ativamente na formação de uma cultura de respeito pelo sistema de franchising, por meio da atividade empresarial, pessoal ou profissional com princípios de sustentabilidade;

II – articular parcerias e conduzir negócios em conjunto com stakeholders que também tenham, em suas práticas, princípios norteados por respeito ao meio ambiente, à pessoa e a sociedade;

III – respeitar as boas práticas de concorrência, com firme oposição a:

§ 1º aliciamento de franqueados, clientes e colaboradores de outros associados;

§ 2º invasão e canibalização de território;

IV – assegurar as mesmas oportunidades para todos os envolvidos no sistema de franchising, respeitando cada categoria de associado."

O contrato estipulado entre vários sujeitos não esgota a sua função no constituir e regular relações jurídicas patrimoniais entre eles, mas realiza uma função mais ampla, relevante, ou seja, a função de dar vida diretamente a uma complexa organização de homens e meios, que adquire uma objetividade autônoma em relação ao contrato e às relações contratuais de que emerge, a que, por assim dizer, transcende.

Assim, em que pese a inexistência de relação contratual direta entre franqueados, há interesse comum no cumprimento de obrigações em prol da rede como um todo.

Do mesmo modo, deve ser o comportamento do franqueador em relação à rede franqueada, sua atitude em relação a um franqueado poderá prejudicar os demais franqueados e também o público consumidor, respondendo neste caso pela prática de ato ilícito, nos termos dos artigos 186 e 927 do Código Civil.

Ademais, como já vimos, devemos registrar ainda a aplicação do artigo 476 do Código Civil, que prevê a exceção do contrato não cumprido de forma subsidiária. A refutação da aplicabilidade da cláusula de não concorrência, ante a inobservância do fim da vigência contratual é medida fundamental que se impõe, para resguardar não só o franqueado, vítima daquela situação, mas também a estabilidade e a segurança jurídica da própria rede franqueada.

Nesse sentido, devemos observar a decisão do Tribunal de Justiça de São Paulo, ao julgar o Agravo de Instrumento nº 2147014-66.2014.8.26.0000, em que figuraram como Agravante Elisabete Naomi Kubota e Agravado Multi Brasil Franqueadora e Participações Ltda, Comarca de Campinas, sendo Juiz Prolator Gilberto Luiz Carvalho Franceschini – Ação de rescisão contratual cumulada com pedido de indenização por danos morais e materiais. Trata-se de uma decisão que indeferiu liminar para suspender os efeitos da cláusula 2.7 do contrato, para que a agravante pudesse exercer atividade profissional sem as limitações previstas.

A cláusula 2.7 tinha a seguinte redação: fica também vedado ao franqueado, a seu cônjuge e a seus dependentes a participação, direta ou indireta, seja a que título for, ao longo dos vinte e quatro meses subsequentes ao término, resilição ou rescisão, seja por que motivo for, do presente contrato, em empresa ou empreendimento que pratique qualquer atividade que possa ser classificada como concorrência à franquia Smartzschool, bem como a toda e qualquer franquia que a franqueadora seja detentora de direitos.

Houve a necessidade do contraditório e de outras provas para análise mais acurada das alegações apresentadas na decisão mantida. Agravo desprovido.

Nos fundamentos do acórdão, restou claro que havia necessidade de comprovação, após o exercício do contraditório, do descumprimento contratual da franqueadora para o deferimento da medida, mas como o processo ainda estava no início, tal atribuição foi devolvida ao juiz de primeiro grau. Do contrário, seria também causa de instabilidade na rede, diante de comportamento imprevisível e oportunista do franqueador.

Em sentido contrário, Oricchio[45], no 10º Simpósio Jurídico e de Gestão Empresarial da ABF[46], realizado em 17/06/2016 e que contou com a presença do Ministro do Supremo Tribunal Federal, Luiz Fux[47], ao debater o tema em Mesa Redonda, entendeu que nesse caso bastaria o pagamento da multa pelo descumprimento contratual do franqueador, indenizando o franqueado, para retomar o território antes do prazo de vigência do contrato.

Assim, sugere-se que, para essas situações, a cláusula deverá mais uma vez estar adequadamente *modulada* ao caso específico, *prevendo o impedimento da sua própria aplicabilidade para afastar ilegalidades, ganhando força e reconhecimento pelos julgadores.*

Situação diferente que merece ser esclarecida é quando o franqueador vislumbra a possibilidade de inserir no território já ocupado outra unidade franqueada, franqueando ao franqueado o direito de preferência. Nessa situação, desde que apresentado o estudo de viabilidade – novo fato mercadológico – que justifique a implantação de nova unidade franqueada, deverá o franqueador notificar o franqueado para que, em prazo estabelecido – normalmente trinta dias –, manifeste o seu interesse na abertura da nova unidade.

---

[45] Andrea Oricchio é advogada em São Paulo e atua no sistema de franquia há mais de 20 anos, conforme as informações do site: <http://www.viseu.com.br/equipe.php>. Acesso em: 18 jun. 2016.

[46] Disponível em: <http://www.portaldofranchising.com.br/cursos-e-eventos-do-franchising/10o-simposio-juridico-e-de-gestao-empresarial-abf/706>. Acesso em: 18 jun. 2016.

[47] Disponível em: <http://www.abf.com.br/10o-simposio-juridico-encerra-franchising-week-2016/>. Acesso em: 18 jul. 2016.

O silêncio do franqueado poderá ser entendido como falta de interesse e, portanto, liberará o franqueador para implantar, naquele mesmo território, nova unidade, própria ou franqueada, cuja titularidade será outra. Essa regra é aplicável tanto aos contratos de franquia que estabelecem exclusividade territorial como aos que concedem mero direito de preferência.

Concluímos, então, que o descumprimento contratual por parte do franqueador com o objetivo de expulsar imotivadamente o franqueado da rede constitui também um dos *requisitos estratégicos* para a nossa proposta de *modulação,* devendo, nesse caso, estabelecer a suspensão dos efeitos da cláusula de não concorrência.

Registre-se, há entendimento contrário no sentido de desautorizar a aplicação da cláusula de não concorrência apenas, como única hipótese, quando o franqueador falhar na cessão do *know-how* básico para a montagem e instalação do negócio.

2.4.3. Responsabilidade de Parentes e Sócios: Característica *Intuitu Personae*

É consenso entre os operadores do *franchising* que o perfil do franqueado é fundamental para o sucesso do negócio. Assim, uma pessoa que não admita trabalhar à noite ou aos fins de semana não terá o perfil desejado para trabalhar em pizzarias e restaurantes, quando o expressivo volume de vendas ocorre nesses períodos. Insistir no negócio à revelia desse perfil certamente acarretará no insucesso do negócio, ou não tardará para ocorrer o seu repasse (trespasse). Em razão disso, nasce uma das principais características do *franchising* e do contrato de franquia: o caráter personalíssimo, ou *intuitu personae*. Disso decorrem as restrições impostas pelo franqueador em relação à cessão do contrato, alterações do contrato social da empresa relativa à composição societária e seu controle.

A questão a ser analisada, portanto, diz respeito à tentativa de substituição de personagens por parte do ex-franqueado para dar continuidade à atividade econômica sem que tenha de se sujeitar à cláusula de não concorrência. Não raro, diante do período de quarentena, imposto pela cláusula de não concorrência, parentes, amigos e até mesmo sócios (que não participaram do contrato de franquia como franqueados ou sócios operadores) são "convidados" a dar continuidade ao negócio, pois, em tese, não poderiam ser atingidos pelos efeitos da cláusula de não concorrência do contrato de franquia. No entanto, entendemos que, respeitados os argumentos contrários, desde que fique provado o intuito de afastar o dispositivo ora em estudo (cláusula de não concorrência), estará caracterizada a *fraude* para violar o direito do franqueador e da rede franqueada.

Nesses termos, foi o entendimento do juiz Alexandre Bucci, da 14ª Vara Cível de São Paulo (Fórum João Mendes), ao condenar uma ex-franqueada da S.O.S. Computadores a pagar multa e a indenizar a empresa pela perda de clientela e lucros cessantes. Segundo o juiz[48],

> os réus se utilizaram de terceiros, inclusive via sucessão informal e até mesmo constituição de empresa [...] para que pudessem indevidamente dar continuidade às atividades outrora desempenhadas quando da vigência do contrato de franquia, frise-se, valendo-se de todos os elementos da autora S.O.S.

Desse modo, por meio de qualquer pessoa interposta (laranja), sejam elas parentes, amigos, ex-sócios, sócios, funcionários, enfim, quando houver a *intenção de fraudar*, o dispositivo contratual contra a prática de concorrência desleal, deverá haver o rigor das decisões para *reconhecer a violação do direito* e assegurar aos lesados o direito ao pagamento de multa e indenizações.

Relativamente comum o fato de familiares utilizarem o conhecimento adquirido pelo parente como franqueado para dar continuidade ou mesmo abrir "novo" negócio, aproveitando-se do *know-how* do ex-franqueador. Há casos, ainda, em que a própria pessoa que foi franqueada é "contratada" como funcionária ou prestador de serviços dos novos proprietários da unidade. Evidente que tais situações também se caracterizam como meio criativo de fraudar o dispositivo da cláusula de não concorrência, devendo ser igualmente reconhecida a violação do direito como concorrência desleal com todas as suas consequências.

Há entendimento contrário do Cade no parecer do Procade nº 052/2009[49] no sentido de considerar abusiva a cláusula de não concor-

---

[48] Disponível em: <http://www.conjur.com.br/2011-abr-30/ex-franqueada-indenizar-franqueador-concorrencia-desleal>. Acesso em: 16 jun. 2016.

[49] "LIMITE MATERIAL

Quanto ao limite material, entendo que deve ser reconhecida a abusividade, tão somente quanto à restrição dos familiares do autor, de qualquer grau de parentesco, a praticar concorrência que restringe familiares em qualquer grau de parentesco. Este não é o nosso entendimento.

No entanto, a falta de comprovação de fraude leva a entendimentos de validade do ato de alienação do estabelecimento a terceiros, desde que descaracterizada a identidade visual e respeitadas as eventuais restrições impostas no contrato de franquia.

Nesse sentido, o TJSP, ao julgar a Apelação nº 9164371-81.2007.8.26.0000, da Comarca de São Paulo, em que foi apelante Livraria Nobel S/A e apelados Sérgio Baccho, Liliane Maria Marques Baccho, Silvio Marques Neto, Neusa Benedita de Oliveira Marques, Maxsigma Livraria e Papelaria Ltda. e L. M. Baccho & Marques Livraria e Papelaria Ltda; entendeu que:

> não há no conjunto probatório comprovação das alegadas concorrência e infração contratual. Os contratantes não fazem parte do quadro de outra sociedade empresária, e não caracteriza desrespeito à cláusula de não concorrência a manutenção da atividade empresária da ex-franqueada. Ausentes a similitude de fachada e de layout entre os estabelecimentos empresariais, e não havendo coincidência no quadro societário, de rigor, a improcedência

rência ou explorar o mesmo ramo de atividade da sociedade em questão. A redação contida na cláusula de não concorrência no que diz respeito à obrigação de não competitividade, na qual restou limitada ao 'mesmo ramo de atividades' e às 'áreas de atuação da empresa COBRA CORRENTES BRASILEIRAS Ltda., apesar de conter conceitos amplos, o objeto social da sociedade define e restringe ao setor de atividade efetivamente envolvido na operação. Por tais razões, não há falar em abusividade quanto a este aspecto. Por outro lado, pela leitura da Cláusula Terceira, foi acordado entre as partes que 'o vendedor fica expressamente proibido de por si, seu cônjuge, seus ascendentes, descendentes, herdeiros e colaterais de qualquer grau, praticar concorrência ou explorar o mesmo ramo de atividades da sociedade COBRA CORRENTES BRASILEIRAS LTDA, ou ainda, prestar consultoria nas áreas de atuação da empresa antes mencionada'.

De fato, a limitação imposta pela referida cláusula, abrangeu de forma muito ampla e extremamente exagerada a restrição estabelecida, no sentido de proibir os familiares da parte apelante, de qualquer grau de parentesco (cônjuge, ascendentes, descendentes, herdeiros e colaterais de qualquer grau), de praticar concorrência ou explorar o mesmo ramo de atividades. Por tais razões, reconheço a abusividade do acordo, para extirpar da cláusula de não concorrência as referências 'seu cônjuge, seus ascendentes, descendentes, herdeiros e colaterais de qualquer grau' e 'prestar consultoria nas áreas de atuação da empresa antes mencionada', ficando restrita tal proibição somente ao apelante, em atenção aos dispositivos constitucionais tuteladores dos direitos e garantias individuais previsto no artigo 5º, XIII e artigo 6º, ambos da Constituição Federal." Disponível em: <https://jus.com.br/artigos/41242/clausula-de-nao-
-concorrencia-na-visao-do-cade>. Acesso em: 1 jul. 2016.

dos pedidos formulados na inicial. Agravo retido não conhecido. Apelação não provida.

Estamos, portanto, diante de uma situação em que a prova produzida será determinante para o reconhecimento, ou não, da violação do direito protegido. Não se trata de matéria de direito, uma vez provada a modalidade criativa com o objetivo de fraudar, será reconhecida a prática de concorrência desleal como violação da cláusula de não concorrência.

2.4.4. Assimetria Contratual – PL nº 487/2013 e nº 1.572/2011

A Câmara dos Deputados criou o Projeto de Lei nº 1.572/2011, contendo 670 artigos. Em 2013, também foi elaborado um anteprojeto pelo Senado (PLS nº 487/2013), com 1.103 artigos[50].

Importa registrar que, se aprovado nos termos propostos, haverá significativo impacto nas relações assimétricas, conforme estabelece o artigo 306:

> Art. 306. A proteção que este Código libera ao contratante economicamente mais fraco, nas relações contratuais assimétricas, não pode ser estendida para preservá-lo das consequências econômicas, financeiras, patrimoniais ou administrativas de suas decisões na condução da empresa.
>
> § 1º A assimetria das relações contratuais entre empresários será considerada pelo juiz em razão direta da dependência econômica entre a empresa de um contratante em relação à do outro.
>
> § 2º Mesmo nos contratos empresariais assimétricos, a vantagem excessiva de uma das partes relativamente à da outra não é causa de revisão judicial, invalidação do negócio jurídico ou desconstituição de obrigação.

Há, atualmente, severa crítica ao *Código Civil* por trazer a tendência da moderna teoria contratualista[51], que prega o chamado dirigismo contratual[52] (intervenção estatal para proteger as partes mais fracas – vulneráveis ou hipossuficientes – de uma relação contratual).

---

[50] Disponível em: <http://direitosp.fgv.br/noticia/fgv-direito-sp-debate-projeto-de-novo-codigo-codigo-comercial>. Acesso em: 16 jun. 2016.

[51] Disponível em: <http://alcramos.jusbrasil.com.br/artigos/121943289/a-especifidade-dos-contratos-empresariais>. Acesso em: 16 jun. 2016.

[52] Enunciado nº 21 da I Jornada de Direito Comercial, realizada pelo CJF: "nos contratos empresariais, o dirigismo contratual deve ser mitigado, tendo em vista a simetria natural das relações interempresariais".

É comum encontrar argumentos de advogados de franqueados no sentido de que há hipossuficiência e vulnerabilidades técnica, jurídica e econômica, ou vulnerabilidade do franqueado em relação à subordinação empresarial e, consequentemente, assimetria contratual, ou seja, criando-se o instituto da subordinação empresarial e assimetria da relação contratual.

No entanto, devemos lembrar que há também inúmeros franqueados poderosos, multifranqueados[53] – há multifranqueados com dezenas e até mais de centena de unidades – com alto poder de investimento e com inúmeras lojas de uma mesma rede e até de redes diferentes. Em contrapartida, também é verdade que há muitos franqueadores iniciantes, cujo poder econômico é menor do que desses franqueados.

Devemos considerar, ainda, o chamado negócio processual e pré-processual reforçado pelo Código de Processo Civil em vigor, em seus artigos 190 e 191, tomando as devidas cautelas para evitar nulidade e a possibilidade de reconhecimento de vulnerabilidades em contratos de franquia. A propósito, deve-se presumir a simetria do franqueado perante o franqueador, e, consequentemente, sua capacidade técnica, jurídica e econômica para compreender os termos da contratação, sobretudo, em razão da sua autonomia empresarial e de empreendedorismo, pois o franqueado só optou pelo sistema de franquia em razão das vantagens que lhe são inerentes.

Questão igualmente importante identificada no PL nº 487/2013 é o parágrafo único do artigo 333, a saber: "parágrafo único: em caso de divergência entre o contrato assinado e a Circular de Oferta de Franquia, prevalecerá a disposição mais favorável ao franqueado". A ideia trazida por este dispositivo reforça a tese de que estamos tentando combater sobre o reconhecimento automático da hipossuficiência[54] ou vulnerabilidade

---

[53] Disponível em: <http://www.abf.com.br/o-maior-franqueado-do-brasil/>. Acesso em: 18 jun. 2016.

[54] Em acertada decisão o Tribunal de Justiça do Estado de São Paulo, Seção de Direito Privado, 1ª Câmara Reservada de Direito Empresarial decidiu na Apelação nº 0136444-51.2011.8.26.0100 que "A franqueada é sociedade empresária, não podendo ser considerada parte hipossuficiente na relação contratual. Com efeito, em contratos dessa natureza, há presunção de que as partes estão em igualdade de condições para celebração do negócio bilateral, ainda que os pactos de franquia sejam redigidos com cláusulas padronizadas, na forma de contrato de adesão pelo franqueador. É que, diferentemente do que ocorre no caso dos contratos de consumo, nos quais se protege, dentre outras coisas, a segurança do consumidor, parte notadamente mais fraca da relação, no contrato de franquia o franqueado, da mesma forma que o franqueador, sujeita-se ao risco do negócio, inerente ao regime de livre iniciativa tutelado pela ordem constitucional nacional, próprio do modo de produção capitalista. Pressupõe-se, portanto,

REFERENCIAL TEÓRICO

do franqueado em relação ao franqueador, ou seja, o reconhecimento da incapacidade do franqueado de tomar decisões ou de apurar divergência(s) entre a Circular de Oferta de Franquia e o Contrato de Franquia.

Para a ABF[55],

> também significa instabilidade e insegurança pois parte de uma premissa de que as divergências foram instituídas por má-fé ou dolo do franqueador e não por um mero erro, por exemplo. Portanto, em havendo divergência, é necessário apura-las sob a óptica dos defeitos do negócio jurídico previstos no Código Civil brasileiro e não as interpretar de forma mais favorável ao franqueado, como se este último não fosse um empresário com capacidade de avaliação.

Para corrigir esses e outros equívocos, *v.g.*, artigo 331[56], a ABF está promovendo, além da Nota Técnica, palestras, reuniões, esclarecimentos e conscientização da importância de um movimento anterior à aprovação dos projetos, esforços entre os operadores do sistema e políticos envolvidos para sugerir redação de substituição dos artigos que afetam o *franchising* como um todo, para proporcionar a segurança jurídica necessária ao seu saudável desenvolvimento.

A redação do artigo 331 traz o entendimento de prestação de serviços de organização de empresa pelo franqueador aos franqueados, ou seja, um conceito completamente desprovido da verdadeira relação franqueador x franqueado, em que há treinamentos, orientações, atualizações, apoio, enfim, uma gama de benefícios que o *franchising* confere aos franqueados como forma de organização empresarial e observação das condições do contrato de franquia, mas que não podem ser confundidos com prestação de serviços, cuja implicação tributária é prejudicial ao próprio sistema de franquia.

A propósito, é de longa data a luta da ABF[57] contra a incidência do ISS sobre a atividade empresarial do sistema de franquia. O município de São

---

que, antes de ingressar na avença, o franqueado tome conhecimento de todos os detalhes relevantes, inclusive, exigindo os necessários esclarecimentos do franqueador antes da celebração definitiva do ajuste".

[55] Nota Técnica – Projeto de Lei nº 1.572/2011 e Substitutivo.

[56] "Art. 331. Pelo contrato de franquia empresarial, um empresário, denominado franqueador licencia o uso de suas marcas a outro empresário, denominado franqueado, e presta a este, nas condições do contrato, serviços de organização de empresa."

[57] Disponível em: <http://www.abf.com.br/redes-de-franquias-anulam-cobranca-de-iss-por-meio-de-acao-na-justica/>. Acesso em: 27 jun. 2016.

Paulo, *v.g.*, argumenta que a Lei Complementar nº 116/2003 inclui as franquias na lista de atividades sobre as quais incide o ISS, todavia, o Tribunal de Justiça de São Paulo já decidiu a favor dos contribuintes e a questão aguarda o julgamento do RE 603.136, está em tramitação desde 2009 e também já foi reconhecida a repercussão geral da ação.

2.4.5. Dependência Econômica

Como já vimos, é consenso a repressão ao abuso da dependência econômica, sobretudo numa relação em que, de modo geral, o franqueador dita as normas do negócio aos seus franqueados. No entanto, Forgioni (2009, p. 35), fazendo um contraponto sobre a teoria geral dos contratos e a repressão ao abuso de dependência econômica empresarial, adverte: "essa proteção deverá se dar em conformidade com as regras e os princípios típicos do direito mercantil e não da lógica consumerista, incompatível com as premissas daquele sistema".

Para Forgioni (2009, p. 35), a situação de dependência econômica, ainda na teoria geral dos contratos, ocorre quando "um dos contratantes está em condições de impor suas condições ao outro, que deve aceitá-las para sobreviver"[58]. Ainda, importante destacar que "nada há de ilícito no fato de uma empresa ser economicamente superior a outra, mas o abuso dessa situação é reprimido pela ordem jurídica"[59].

O cometimento de tal *abuso* deve ser contido lançando mão dos dispositivos gerais do Código Civil para proteger a parte prejudicada em busca do reequilíbrio na relação contratual. A depender do caso, a boa-fé deverá ser elemento de restabelecimento das forças para reconhecer a ilicitude do ato.

A dependência econômica também pode ser analisada sob o ponto de vista concorrencial, mas nos interessa apenas a análise contratual.

Ao definir a situação de dependência econômica, Forgioni (2008, p. 347-348) estabelece importante distinção: "a situação de dependência econômica pode implicar a exploração oportunista da posição de sujeição do parceiro, da predominância econômica, da condição de independência e da indiferença sobre a *contraparte* (e não sobre o mercado)".

O desafio, portanto, é buscar o equilíbrio entre os mecanismos para refrear o abuso e, ao mesmo tempo, garantir a eficiência do sistema de

---

[58] Na definição de Guyon (1992, p. 971).
[59] Na definição de Guyon (1992, p. 971).

franquia, diante do potencial de desestímulo que decorre do reconhecimento do abuso.

O abuso da dependência econômica também pode se manifestar por meio do instituto da lesão, que na definição de Caio Mario da Silva Pereira, "ocorre a lesão quando o agente, abusando da premente necessidade ou da inexperiência da outra parte, aufere do negócio jurídico um proveito patrimonial desarrazoado ou exageradamente exorbitante da normalidade".

Como consequência do reconhecimento do instituto da lesão, aplica-se a anulação do ato, exceto "se for oferecido suplemento suficiente, ou se a parte favorecida concordar com a redução do proveito", afirma o autor.

Considerando a relação entre franqueador e franqueado, imaginamos tratar-se de partes experientes, empresários empreendedores, independentes e atentos às necessidades e oportunidades de negócios. Nesse contexto, poderíamos admiti-los como inexperientes para fins de aplicação do artigo 157 do Código Civil?

Nos termos do Enunciado 21 da Jornada de Direito Comercial do Conselho da Justiça Federal, a resposta é negativa, a saber: "em razão do profissionalismo com que os empresários devem exercer sua atividade, os contratos empresariais não podem ser anulados pelo vício da lesão fundada na inexperiência".

De qualquer forma, a resposta exige cautela. A relação entre empresários deve, como já vimos, ser pressuposta de equilíbrio e validade nos negócios jurídicos, ainda que haja dependência econômica, não haverá ilicitude se não houver o cometimento de abuso.

Diante dessas considerações, podemos afirmar que o instituto da lesão deve ser aplicado com moderação, a fim de não prejudicar a saúde e a credibilidade do sistema de franquia, responsável pelo crescimento econômico-histórico e reconhecido pelo mercado como um sucesso no modelo de distribuição.

Capítulo 3
Posição da Jurisprudência Brasileira
e a Não Concorrência no Direito Norte-Americano

3.1. Jurisprudência Brasileira
3.1.1. Supremo Tribunal Federal (STF)

É de longa data (1947) o julgado que norteia até hoje – mesmo com a Constituição de 1988 – inúmeros julgados e entendimentos de doutrinadores. Em que pese a breve abordagem do tema, a Segunda Turma do STF foi certeira ao decidir:

> A livre concorrência, como toda liberdade, não é irrestrita; o seu exercício encontra limites nos preceitos legais que a regulam e nos direitos dos outros concorrentes, pressupondo um exercício leal e honesto do direito próprio, expressivo da propriedade profissional: excedidos estes limites, surge a concorrência desleal, que nenhum preceito define e nem poderia fazê-lo, tal a variedade de atos que podem constituí-los.[60]

Obviamente, o caso julgado não correspondia ao sistema de *franchising*, tampouco à relação franqueador x franqueado, mas a disputa de "freguesia" na fabricação e venda de fogões por dois comerciantes/fabricantes desse produto, em São Paulo.

No caso ora analisado, Sergio Filhos & Cia intentaram contra Afonso Fiaffone & Irmão uma ação ordinária buscando: *a)* promover as alterações necessárias na fabricação de fogões a impedir, perante a freguesia (atu-

---

[60] STF – 2ª Turma – RE 5.232-SP, Rel. Min. Edgard Costa, j. 09/12/1947 – v.u. – *DJ* 11/10/1949, p. 3.262, *RT* 184/914.

almente consumidores) a confusão dos referidos produtos com os fogões fabricados pelos requerentes; e *b)* ressarcir-lhes todos os prejuízos causados, os que sofreram e estavam sofrendo em virtude da tal concorrência desleal.

Em sede de RE, figurou como recorrente Afonso Fiaffone & Irmão e recorrido Sergio Filhos & Cia, conforme trecho do acórdão destacado acima, não conheceram do recurso, mas reconhecida a concorrência desleal, saiu vitorioso o recorrido.

Ainda que o caso seja distante da realidade atual, podemos tirar grande lição do julgado, aplicando *erga omnes* o conceito, ainda que incipiente, da boa-fé objetiva para punir o abuso do direito consubstanciado na concorrência desleal, em que desaguam inúmeros casos de inadimplemento da cláusula de não concorrência.

3.1.2. Superior Tribunal de Justiça (STJ)

Em 2005, houve um julgamento significativo para o sistema de *franchising* no STJ. Trata-se do REsp 159.643-SP (1997/0091850-5) em que não conheceram do recurso por maioria de votos.

O caso do Bob's, Bob's Indústria e Comércio Ltda. x Jack Alimentos Ltda., respectivamente franqueadora e franqueada de seis estabelecimentos situados na cidade de São Paulo, mediante contratos escritos. A franqueada deixou de efetuar o pagamento de taxas contratuais, mas continuou a operar no ramo de lanchonetes, vendendo sanduíches sem marca, conduta expressamente vedada pelos contratos de franquia, cuja cláusula de não concorrência estabelecia a proibição da atividade pelo período de dezoito meses após o término da franquia para não atuar em negócio similar ao explorado, num raio de vinte quilômetros do local em que ficavam os restaurantes, visando, assim, proteger a marca Bob's.

O Bob's pediu, liminarmente, o fechamento imediato, por dezoito meses, dos restaurantes, ou que fossem obrigados a, em um mês, dar aos locais outro *layout*, outra combinação de cores, utilizar outros talonários e a comercializar produtos diferentes, com cominação de pena diária de cem mil cruzeiros por loja, em caso de descumprimento.

O Juiz da 21ª Vara Cível de São Paulo concedeu parcialmente a liminar para que a franqueada encerrasse as atividades similares, sob pena de, em caso de procedência da ação principal, responder pela multa diária. Contra tal decisão, foram interpostos dois agravos de instrumentos e o recurso especial. A discussão no recurso especial cingiu-se sobre a validade da multa – *astreintes* – que, ao final, restou confirmada pela Terceira Turma do STJ.

Ainda que a batalha não tenha permeado a fértil discussão que o caso poderia ensejar a respeito das indagações da cláusula de não concorrência formuladas neste livro, é certo que restou reconhecida a validade de vedação da mesma atividade por dezoito meses, não sendo abordada a validade da extensão territorial de vinte quilômetros.

No nosso entender, a exploração aprofundada do tema acerca da extensão territorial poderia reconhecer o abuso do direito da franqueadora ao impor um raio demasiadamente grande, suficiente para violar a boa-fé objetiva e o direito à livre concorrência do franqueado, que poderia reabrir seus restaurantes fora do território circunscrito à clientela dos restaurantes, mas jamais em tamanha distância.

Ora, como vimos, a definição do território é *requisito essencial* de aplicabilidade da cláusula de não concorrência, mas a sua previsão de forma exagerada viola os princípios da boa-fé objetiva, da função social do contrato e de todo o sistema normativo que tem por função restabelecer o equilíbrio entre as partes. Nesse caso, perdemos a oportunidade de discutir importante questão para o nosso tema.

Vale destacar também o REsp 632.958-AL (2004/0022012-9) em que figuraram como recorrente Oebax Vestuário Ltda. e outras e como recorrida Colcci Indústria e Comércio do Vestuário Ltda., cuja decisão, para o alento dos franqueadores, foi:

> contrato de franquia, por sua natureza, não está sujeito ao âmbito de incidência da Lei n. 8.078/1990, eis que o franqueado não é consumidor de produtos ou serviços da franqueadora, mas aquele que os comercializa junto a terceiros, estes sim, os destinatários finais.

Restou decidido que não foi comprovada a hipossuficiência das autoras, que buscavam alteração do foro, em detrimento do foro contratual, situado em outro estado.

Tais casos contribuem para dois importantes posicionamentos para o sistema de franquia: o primeiro foi o afastamento definitivo do fantasma que rodeava os franqueadores ameaçados pela irresponsável teoria do vínculo consumerista entre franqueador e franqueado. Reconhecer essa teoria seria uma excrescência jurídica e um retrocesso irreparável ao setor, pois veríamos a debandada de franqueadores nacionais e estrangeiros com a consequente falência do sistema diante das responsabilidades que lhes seriam atraídas; o segundo, trata-se da hipossuficiência, mesmo já banalizada em discussões judiciais do tipo, não se presume e deve ser comprovada no caso concreto. Estamos certos de que há situações de verdadeira hipossuficiência, sobretudo num sistema como o *franchising* em que é rico na formação de parcerias empresariais de toda sorte. Todavia, admiti-la como regra também seria campo fértil para oportunismos e o desestímulo para investimentos no setor.

Recentemente, já em 2015, outra importante decisão contribui para a consolidação da cláusula de não concorrência foi o REsp 1.203.109-MG (2010/0127767-0), ao apresentar o entendimento de que:

> são válidas as cláusulas de não concorrência, desde que limitadas espacial e temporalmente, porquanto adequadas à proteção da concorrência e dos efeitos danosos decorrentes de potencial desvio de clientela, valores jurídicos reconhecidos constitucionalmente.

Interessante registrar alguns trechos do acórdão em que se firmou o entendimento:

> Com efeito, a restrição à concorrência no ambiente jurídico nacional, em que vige a livre iniciativa privada, é excepcional e decorre da convivência constitucionalmente imposta entre as liberdades de iniciativa e de concorrência (Fazzio Júnior, Waldo. Manual de direito comercial. 15 ed. São Paulo: Atlas, 2014. p. 769). Assim, a priori, poderia se cogitar da impossibilidade de se ampliar a referida restrição contratualmente, contudo a admissão pelo próprio legislador da possibilidade de contratação a fim de afastar o dispositivo legal revela a valorização da liberdade contratual quanto ao tema.
>
> [...] Isso porque, tratando-se a concorrência de valor institucional a ser protegido por imposição constitucional (Salomão Filho, Calixto. Regulação da atividade econômica: princípios e fundamentos. 2. ed. São Paulo: Malheiros, 2008. p. 44), daí se extrai a função social de cláusulas autorregulatórias privadas que se adequem a esta finalidade. Por óbvio, essa admissão deverá atender a certos limites, sob pena de se desviarem de sua função, passando a representar conduta abusiva de alguma das partes. No direito anglo-saxão, o estabelecimento de limites contratuais à concorrência, denominados "non--competition agreements", são reconhecidos como pactos adjuntos desde o

século XVIII. E lá essa questão da limitação foi igualmente enfrentada, concluindo-se pela necessidade de delimitação expressa de zona espacial ou temporal na qual a atuação de ex-sócios ou parceiros seria vedada.

Tal entendimento está em consonância com os argumentos sustentadores desta obra. Todavia, podemos perceber que, para o STJ, bastam os limites espacial e temporal, ou a questão não foi suficientemente esgotada. Entendemos de modo diverso, como já afirmamos (2.4.1) definir o *objeto* de forma específica é *requisito essencial* para a plena aplicabilidade da cláusula de não concorrência, *v.g.*, o caso da franquia de sapatos masculinos que não pôde impor proibição de desenvolvimento de atividade similar, mas de públicos distintos como o feminino e o infantil.

A violação ao objeto no caso concreto acarreta igualmente no abuso do direito e fere de morte a cláusula de não concorrência, afinal, contraria o disposto no artigo 422 do Código Civil. Nesse sentido, o enunciado 25 do CJF: – "o art. 422[61] do Código Civil não inviabiliza a aplicação pelo julgador do princípio da boa-fé nas fases pré-contratual e pós-contratual".

Por fim, vale citar a recentíssima decisão do STJ, já mencionada no capítulo 2.4 deste livro, que reconhece a validade da cláusula de raio em *shopping center*.

3.1.3. Tribunal de Justiça de São Paulo (TJSP)

Com mais de 140 anos e considerado o maior tribunal do mundo[62], o TJSP mantém um acervo rico em inúmeros assuntos, entre eles encontramos importantes decisões, que envolvem o *franchising*, as quais mereceram destaques.

No Agravo de Instrumento nº 2250691-78.2015.8.26.0000, da Comarca de São Paulo, Agravante Claudia Roberta Dias Silva e Agravado Sorridents Franchising Ltda., a 2ª Câmara Reservada de Direito Empresarial do Tribunal de Justiça de São Paulo, proferiu a seguinte decisão: "Negaram provimento ao recurso. v.u.", de conformidade com o voto do Relator, que integra este acórdão: "ficando os réus vedados a realizarem as respectivas atividades empresariais (salvo as estritamente liberais) e a devolverem no

---

[61] "Art. 422. Os contratantes são obrigados a guardar, assim na conclusão do contrato, como em sua execução, os princípios de probidade e boa-fé."
[62] Disponível em: <http://www.conjur.com.br/2014-fev-03/maior-mundo-tribunal-justica-sao-paulo-completa-140-anos>. Acesso em: 4 jul. 2016.

prazo de cinco dias, do trânsito em julgado, todos os manuais técnicos e circulares que foram fornecidos durante a execução do contrato (sob pena de aplicação de alguma das medidas do artigo 461 do CPC)". Tal decisão ratifica o nosso entendimento acerca da *atividade uniprofissional*, conforme explorado no item 2.4.1.

Na Apelação nº 1106022-08.2013.8.26.0100, da Comarca de São Paulo, Apelante Classy Participações, Marcas e Franquias e Apelados Cagepu Odontologia Ltda e outras, a 1ª Câmara Reservada de Direito Empresarial do Tribunal de Justiça de São Paulo, por maioria de votos, negou provimento ao recurso, ao entender que:

> não se pode negar que a rescisão unilateral levada a efeito configura abuso do direito e afronta à boa-fé objetiva, em especial, porque o próprio instrumento entabulado pelas partes prevê que diante da constatação de qualquer irregularidade, a franqueadora deveria apresentar notificação por escrito às franqueadas para solução do problema no prazo de dez dias (cláusula 31 fls. 177), o que não foi observado.

Temos aqui mais uma importante decisão aplicando as regras gerais do Código Civil para afastar a tentativa de "rescisão" unilateral da franqueadora, configurada como abuso do direito, também em consonância com o nosso entendimento explicitado no item 2.4.2.

No Agravo nº 2269918-54.2015.8.26.0000, da Comarca de São Paulo, Agravante Raj Franchising Ltda. e Agravado Evandro do Nascimento e Outros, foi dado provimento ao recurso para deferir a tutela antecipada para que os agravados se abstivessem de atuar em atividade concorrente, fazendo uso de informações confidenciais e, ainda, deferida a aplicação de *astreinte* pelo descumprimento do contrato de franquia, especialmente a cláusula de não concorrência pelo período de dois anos. Não foi identificada abusividade e, com a violação comprovada, entenderam-se ausentes os elementos de relativização da aplicação das cláusulas discutidas, de conhecimento e anuência pacífica pelos agravados, desde o início do contrato de franquia. Dever dos recorridos de não atuar em segmento idêntico ao da recorrente, devendo ainda se absterem de utilizar qualquer documento, material ou informação exclusiva da franqueadora, sob pena de multa diária de cinco mil reais até o limite previsto a título de prefixação de perdas e danos no instrumento firmado entre os litigantes.

Esse julgado não deixa dúvidas acerca da validade da cláusula de não concorrência e reforça o entendimento de que a *relativização* da cláusula de não concorrência também é possível quando identificado o *abuso do direito*.

Interessante observar ainda o resultado da Apelação nº 0218460-67.2008.8.26.0100, Voto nº 15.686, contra a sentença que julgou procedente a ação de obrigação de não fazer, com outros pedidos cumulados, ajuizada por Jani-King Franchising Inc. em face de Finder's Franchising Participações Ltda. e outros, condenando os réus na obrigação de não praticar concorrência desleal, além de pagar as indenizações descritas no dispositivo e ainda ao pagamento de danos morais, como segue:

...são transferidos em caráter confidencial pelo franqueador, havendo necessidade do franqueador proteger o seu negócio ao término da relação contratual, encontrando o estabelecimento dessa salvaguarda de não concorrência o mais absoluto embasamento no inciso XIV (alíneas "a" e "b"), do art. 3º, da Lei nº 8.955, de 15 de dezembro de 1994, com o que se afasta qualquer afirmação de violação ao disposto no art. 170 e seu inciso IV, pertinentes à livre iniciativa e à livre concorrência. O legislador teve por objetivo resguardar o direito do franqueador no tocante aos segredos do seu negócio e contra a concorrência desleal, indiscutível que os franqueados, signatários do contrato, através da clareza da cláusula de nº 5.1 (fl. 52), tiveram prévio conhecimento das restrições, obrigações e responsabilidades que teriam para com a franqueadora, após o término da relação contratual, pelo período de 2 (dois) anos, não restando dúvidas de que a autora, ora apelada, veio a ter os segredos e métodos de seu negócio usurpados pela conduta ilícita, ao arrepio do contrato, dos corréus, ora apelantes. Com efeito, a autora, após longo tempo do exercício da franquia, ilaqueada em sua boa-fé, detendo a franqueada todo no *know-how* proporcionado pelo contrato, a par de lhe atribuir justa causa à denúncia do contrato, em patente afronta à cláusula de não concorrência, deslealmente, passa a ofertar, através de sociedades paralelas, os mesmos serviços e *modus operandi* que, pela franquia, lhe foram transferidos em caráter confidencial pela franqueadora, obstando-lhe a proteção do seu negócio com o término da avença. Tal situação, a exemplo de protesto indevido de título, é causa de constrangimentos para uma empresa séria e, consequentemente, de abalo à sua honra objetiva, à sua imagem perante a sociedade e, especialmente, ao seu ambiente de negócios, constituindo, assim, causa suficiente e autônoma para a procedência do pleito indenizatório por danos morais (súmula 227 do STJ). O dano moral deve ser reconhecido, independentemente de prova, se por uma óbvia regra de experiência está autorizado o órgão julgador a presumi-lo, à luz da "observação do que ordinariamente acontece", para empregar a fórmula do art. 335 do CPC. O valor de R$ 50.000,00, como fixado na sentença recorrida...

No caso em tela, além do reconhecimento da aplicabilidade da cláusula de não concorrência, com as suas consequências, ainda fora aplicada condenação em danos morais pelo "abalo à sua honra objetiva, à sua imagem perante a sociedade e, especialmente, ao seu ambiente de negócios" como forma clara de inibir tal comportamento dos demais franqueados da rede (seu ambiente de negócio), afastando o oportunismo.

3.1.4. Tribunal de Justiça de Minas Gerais (TJMG)

O tribunal de justiça mineiro também contribui para o nosso livro e revela o entendimento favorável à aplicação da cláusula de não concorrência. Verifiquemos o resultado da Apelação nº 1.0210.12.006133-3/001, da Comarca de Pedro Leopoldo, em que figurou como Apelante Multi Brasil Franqueadora e Participações Ltda. e Apelado Marcos Valério Rodrigues (publicação da súmula 25/02/2014). A ementa da súmula é a seguinte:

> Apelação Cível – Contrato de Franquia – Rescisão pela franqueada – Possibilidade – Culpa da franqueadora – Inexistência de prova – Cláusula de não concorrência – Aplicação – Limitação aos cursos semelhantes – Multa contratual – Cabimento – Lucros cessantes – Não cabimento – Dano moral inexistente.
>
> – É possível a aplicação da cláusula de não concorrência prevista no contrato de franquia firmado entre as partes, quando a franqueada não prova que a franqueadora é a responsável pela rescisão do contrato.
>
> – A cláusula da não concorrência fica restrita aos cursos que se assemelham àqueles que eram fornecidos durante o contrato de franquia firmado entre as partes.
>
> – A franqueadora não tem direito à indenização pelos lucros cessantes, porque a franqueada, sem justo motivo, tem o direito de rescindir o contrato, a qualquer momento, e a multa contratual prevista para a violação de cláusula contratual já tem a finalidade de compensar a franqueadora, pela violação à cláusula de não concorrência.
>
> – A violação à cláusula da não concorrência e a rescisão contratual, por si só, não causa dano moral à franqueadora, e não há prova de que tenha abalado o bom nome da parte autora perante a sociedade.

Referido julgado, em apertada síntese, revela alguns aspectos de entendimento do judiciário mineiro no mesmo sentido do judiciário bandeirante. Restou claro o reconhecimento da cláusula de não concorrência, assim como a limitação da atividade aos cursos semelhantes como requisito do objeto.

Importante destacar a ressalva de que, segundo o acórdão de Apelação colacionado "*é possível a aplicação da cláusula de não concorrência prevista no contrato de franquia firmado entre as partes, quando a franqueada não prova que a franqueadora é a responsável pela rescisão do contrato*". Significa dizer que eventual descumprimento contratual da franqueadora seria motivo para possível relativização da cláusula de não concorrência. Nesse caso, não podemos prever qual interpretação seria dada se ela fosse *"reescrita" ou relativizada*, mas podemos afirmar mais uma vez a necessidade de *modulação* específica da cláusula ao caso concreto, prevendo o descumprimento contratual por parte da franqueadora, para evitar a sua relativização.

Outro importante entendimento é o da validade da multa pelo descumprimento da cláusula de não concorrência, em detrimento da indenização pelos lucros cessantes, pois já cumprira a finalidade de compensar a franqueadora pela ilicitude do ato.

Por fim, aquilo que já sabemos em relação aos danos morais, que devem ser comprovados e sua admissão no caso de descumprimento da cláusula de não concorrência.

3.1.5. Tribunal de Justiça do Rio de Janeiro (TJRJ)

Também contribui significativamente para o nosso livro e para o sistema de *franchising* as decisões do tribunal fluminense. Adiante apresentaremos três casos, destacando decisões acerca do nosso tema.

No primeiro caso o tribunal reconhece tratar-se de contrato firmado entre empresários e lhes confere tratamento paritário, sem identificar o abuso de poder. Admite, ainda, a "vantagem auferida pela ré com o aliciamento da clientela da franqueadora" como elemento para compor perdas e danos, mas limitado ao preestabelecido na cláusula avençada. Na Apelação nº 0324345-66.2011.8.19.0001, figuraram como apelante Ecomax Serviços Ambientais Ltda e Astra Rio Saneamento Básico Ltda, sendo apelados os mesmos e NSA Nature Saúde Ambiental Ltda, em destaque:

> Apelação cível. Contrato de franquia. Legalidade da cláusula de não concorrência. Violação. Interferência indevida no contrato. Teoria do terceiro cúmplice. Revelia quanto a um dos pedidos. Presunção relativa de veracidade

que recai sobre os fatos, e não sobre sua qualificação jurídica. Dano moral à pessoa jurídica não demonstrado.

1. A alegação de abusividade da cláusula de não concorrência não merece acolhida, seja porque estamos diante de um contrato paritário, no qual não se identifica a superioridade de um contratante sobre o outro; seja porque a prova dos autos afasta o alegado inadimplemento contratual por parte da franqueada.

2. Os contratos são dotados não apenas de efeitos internos, mas também externos, em razão dos quais todos aqueles que não participam do contrato têm o dever de não impedir ou dificultar o cumprimento das obrigações pactuadas – é a chamada tutela externa do crédito ou teoria do terceiro cúmplice. Ao violar esse dever de abstenção, a 1ª ré deve ser responsabilizada pelos danos causados à franqueada, pois o princípio do *neminem laedere* orienta no sentido de que todo aquele que, por ação ou omissão voluntária, violar direito e causar dano a outrem, comete ato ilícito passível de reparação (artigos 186 e 927, do CC). Extensão dos efeitos do contrato que alcança, inclusive, a cláusula de sigilo, diante da confusão entre as sociedades rés.

3. A decisão que permitiu o funcionamento das rés não significa salvo conduto para que elas violem direitos da autora, sendo incapaz de suspender o curso da multa contratual pela inobservância da cláusula de não concorrência.

4. [...] A liberalidade no pagamento da taxa inicial de franquia tem que ver com o relacionamento contratual anterior das partes, e foi estabelecida sem qualquer outra condição resolutiva, de sorte que a rescisão do contrato não tem o condão de disparar sua cobrança, como se cláusula penal fosse.

5. A multa diária prevista no contrato em razão da concorrência desleal tem natureza de verdadeira cláusula penal e constitui prévia liquidação das perdas e danos, "sem prejuízo das sanções cíveis [...] previstas em lei" (cláusula 11.3), razão pela qual deve funcionar como valor mínimo da indenização, conforme prevê o parágrafo único do art. 416, do CC. Dessa sorte, a apuração do dano material determinada pela sentença, nos moldes do art. 210, II, da Lei 9.279/96, deve ser feita com base na "vantagem auferida pela ré com o aliciamento da clientela da franqueadora", abatendo-se, entretanto, o montante relativo à multa diária, que preestimou o valor das perdas e danos.

6. Conquanto o desvio de clientela possa gerar – e de fato gera – lesão à atividade empresarial, é insuficiente, por si só, para lesionar a pessoa jurídica em si mesma. Embora seja indiscutível a existência de concorrência desleal e de transferência de informações sigilosas entre as rés, conforme sobejamente

demonstrado nesta decisão, não se pode afirmar que a imagem da franqueadora tenha sido abalada perante seus clientes, tampouco perante sua rede franqueada. A insegurança gerada na rede franqueada e nos clientes é inerente à concorrência desleal, sendo excessivo imaginar que todo em qualquer desvio de clientela tenha o condão de gerar dano moral à pessoa jurídica.

7. A condenação ao pagamento da multa contratual pelo descumprimento das cláusulas estabelecidas no contrato dispensa liquidação, porquanto seu valor pode ser determinado por simples cálculo aritmético.

8. Recursos a que se dá parcial provimento.

O segundo caso do acórdão acima colacionado se destaca pelo interessante argumento de que "cumpre à franqueada respeitar as condições contratuais e agir sempre como responsável pela integridade da rede. A franqueada que cria subterfúgios ao cumprimento do contrato e utiliza-se de sua posição para auferir benefícios indevidos, também pode agir abusivamente". Ora, estamos diante de uma análise um tanto quanto holística dos desembargadores para reconhecer idiossincrasias do sistema de franchising, como a preocupação com o efeito dominó na rede e o comportamento abusivo e oportunista caracterizado pelo descumprimento da cláusula de não concorrência por parte da ex-franqueada. O julgamento decorreu dos Embargos de Declaração na Apelação Cível nº 0039992-43.2012.8.19.0001, sendo embargante Saninset Controle Ambiental Ltda e embargada Astra Rio Saneamento Básico Ltda. Juízo de origem 5ª Vara Empresarial da Comarca da Capital:

APELAÇÃO CÍVEL. AÇÃO ORDINÁRIA. OBRIGAÇÃO DE FAZER CUMULADA COM ANTECIPAÇÃO DE TUTELA. ABSTENÇÃO DA PRÁTICA DE CONCORRÊNCIA DESLEAL. VIOLAÇÃO DA MARCA ASTRAL. CONTRATO DE FRANQUIA. DANOS MATERIAIS. DEFERIMENTO ANTECIPAÇÃO DE TUTELA. INCOMPETENCIA DO JUIZO REJEITADA. SENTENÇA DE PROCEDÊNCIA. IRRESIGNAÇÃO. Controvérsia que gira em torno da não renovação do contrato de franquia e utilização indevida pela ré na marca Astral e do know how da autora, além da prática de concorrência desleal por parte da ex-franqueada. Preliminar de conexão afastada por possuírem as demandas causas de pedir diversas. O Código de Processo Civil adotou, entre os vários sistemas existentes sobre o direito probatório, o do livre convencimento motivado. Cabe ao juiz valorar a necessidade ou não das provas requeridas. Alegação de cerceamento de defesa que não se mostra coerente, diante da não indicação das provas que pretendia produzir, quando instada a fazê-lo. Precedentes deste Tribunal. Contratos de franquia possuem como objetivo, em regra, a concessão pela franqueadora à franqueada de todo o know how para início de determinada atividade, além do direito de uso da marca mediante o pagamento de quantia estipulada em contrato. Conceito extraído do artigo 2º da Lei 8.955/94. A franquia é uma relação de parceria econômica entre a franqueadora, que deseja vender os produtos ou serviços protegidos por sua marca, e da franqueada, que procura tirar proveito do know how e do prestígio já conquistado pela franqueadora perante o público. O segrego do negócio é legalmente protegido pela Lei de Propriedade Industrial (Lei nº 9.279/96), sendo considerado crime a utilização não autorizada de informações e conhecimento confidencias aos negócios. Assim, os contratos de franquia costumam, conter cláusula de não concorrência, ou seja, estipulam um período para que, durante e após a execução do contrato, a franqueada e seus familiares não possam exercer atividade concorrente à franqueadora, sob pena de incidência de multa e até mesmo a configuração de crime contra a propriedade intelectual. Cumpre à franqueada respeitar as condições contratuais e agir sempre como responsável pela integridade da rede. A franqueada que cria subterfúgios ao cumprimento do contrato e utiliza-se de sua posição para auferir benefícios indevidos, também pode agir abusivamente. A rescisão do contrato de franquia levada a efeito pela apelada se mostra íntegra, vez que a apelante não alcançava bons níveis de faturamento, mesmo possuindo permissão de exploração de contratos firmados com clientes de enorme potencial. Terminada a relação contratual entre as partes, a franqueada, ora apelante, tem a obrigação contratual e legal de cessar as atividades de controle de pragas urbanas. Recurso a que se nega provimento.

O terceiro caso consolida nosso entendimento. Ao reconhecer que os franqueados mantiveram comércio no mesmo segmento empresarial do franqueador e, portanto, houve lesão a deveres pós-contratuais, o tribunal valida a cláusula de não concorrência e adota o sistema geral de proteção do Código Civil para enquadrar tal comportamento como ato incompatível com a boa-fé objetiva, consubstanciado na concorrência desleal. A utilização indevida do uso da marca é caracterizada como lesão à imagem empresarial e reconhece-se, como consequência, o dano moral. Por fim, a paralisação das atividades da ex-franqueada, que agrediria a função social da empresa, só foi admitida diante da comprovação da própria franqueada ao admitir que já não utilizava a marca da franqueadora e sequer atuava nas áreas a que fora impedida pela sentença, restando evidente que continuava exercendo atividade empresarial sem grandes complicações. Apelação Cível nº 2009.001.20666, sendo apelante Mundo Verde Franquia Ltda e apelado C&G Produtos Naturais Ltda e outros.

Relator: Des. Cristina Tereza Gaulia

Ementa: Apelação Cível – Contrato de Franquia – Utilização indevida.

Marca pelo franqueado após a rescisão contratual – Violação do contrato – Estabelecimento no mesmo ramo do franqueador – Proibição contratual – Boa-fé objetiva – Concorrência desleal – Danos morais – Lucros cessantes – Paralisação das atividades da ex-franqueada. Apelante franqueador que se insurge contra a sentença que julgou improcedentes os pedidos de indenização por lucros cessantes e danos morais sob a alegação de que os franqueados teriam mantido estabelecimento concorrente atuando no mesmo segmento empresarial do franqueador, bem como estariam vendendo produtos padronizados e identificados por sua marca mesmo após a rescisão contratual por inadimplência no pagamento dos *royalties*. Prova dos autos que demonstra claramente que os franqueados mantiveram comércio no mesmo segmento empresarial do franqueador, além de comercialização de produtos com a marca deste, inclusive emitindo notas fiscais com o logotipo identificador da marca do apelante. Lesão a deveres pós contratuais. Conduta incompatível com a boa-fé objetiva. Inteligência do art. 422 CC. Concorrência desleal que advém da comercialização desautorizada da marca. Inteligência dos inc. IV, V e XI do art. 195 da Lei. 9279/96. Utilização indevida da marca, fora dos padrões determinados pela franqueadora, comercializados em meio a produtos diversos e sob razão social distinta da que identifica o titular da marca. Fatores que caracterizam lesão à imagem empresarial do apelante. Dano moral. Cabimento. Fixação segundo a razoabilidade e proporcionalidade exigidas na hipótese. Lucros cessantes não provados. Paralisação das atividades da ex-franqueada que agrediria a função social da empresa. Recurso a que se dá parcial provimento.

3.1.6. Tribunal de Justiça do Rio Grande do Sul (TJRS)

Na Apelação Cível nº 70014542286, sendo apelante Jane Nunes da Silva e apelado Sobreiro Comércio de Alimentos Ltda. o tribunal gaúcho confirmou a improcedência da demanda ao enfatizar que não houve a comprovação de infração contratual por iniciativa da franqueadora a justificar a sua condenação. A falta de treinamento e de supervisão não pode ser considerada para fins de comprometimento do trabalho desenvolvido pela franqueada, deixando claro que o vínculo estabelecido pelo contrato de franquia não é garantia de sucesso do negócio e o risco é inerente à atividade empreendedora.

Nas apelações interpostas pela autora, *Dia Brasil Sociedade* Ltda., e pelo réu, Vilson Silveira de Avila (nº 70065236275), entendeu-se não ser possível concluir que o fracasso do empreendimento dos réus se deveu à má conduta da autora, tudo levando a crer que o primeiro réu, embora experiente no ramo varejista, não se adaptou ao modelo de negócio. Como consequência, "os prejuízos decorrentes fazem parte do risco do negócio e não podem ser abatidos do saldo existente em favor da autora, decorrente da concessão do financiamento para formação do estoque e de encargos contratuais".

Esse entendimento é consenso entre franqueadores e de fato não se pode admitir que o sistema de *franchising* represente uma garantia de sucesso do franqueado. Apesar de minimizar os riscos de insucesso, em razão do modelo de negócio já consolidado, atribuir tal responsabilidade ao franqueador é o mesmo que decretar a falência do sistema de *franchising,* em razão da assunção equivocada de riscos.

Podemos concluir que, apesar de proferir decisões relevantes, os tribunais pesquisados, sobretudo o STF e o STJ, não enfrentaram frontalmente todas as questões trazidas nesta obra, reservando ao futuro próximo, é o que esperamos, o aprofundamento da análise acerca das questões suscitadas para melhor nortear os operadores do sistema de *franchising.*

3.2. Cláusula de Não Concorrência no Direito Norte-Americano[63]

Assim como no Brasil, é bastante comum no sistema norte-americano disposições de não concorrência em contratos de franquia, que representam importante aspecto a ser analisado pelos candidatos antes de entrarem para o sistema de *franchising.*

As disposições de não concorrência – *non-compete clause* (NCC) ou *covenant not to compete* (CNC) – vão além da vigência contratual, normalmente de dois a três anos em que o ex-franqueado não poderá se envolver em "negó-

---

[63] Escolhemos analisar o tema frente a *common law* dos EUA por ser o país de origem do *franchising,* em torno da segunda metade do século XIX, bem como por representar consolidado mercado de *franchising,* estando em segundo lugar no mundo, atrás apenas da gigante China.

cio competitivo". Os acordos de não concorrência também estabelecem o limite geográfico, geralmente em torno de cinco a vinte e cinco milhas.

Com exceção da Califórnia, a maioria dos estados norte-americanos reconhece como válidas as disposições de não concorrência. O estado da Georgia é um dos mais recentes estados a promulgar legislação (2011), reconhecendo os pactos de não concorrência. Além disso, é comum os estados aderirem ao que chamam de "lápis azul" para evitar abusos das *NCC*, sobretudo em relação à área geográfica e tempo de proibição ou limitação.

O teste do lápis azul[64] é uma adequação judicial que os tribunais usam para decidir sobre a anulação de todo o contrato ou apenas de palavras ofensivas ou abusivas. Quando possível, aplica-se, em seguida, a nulidade apenas das palavras ofensivas para excluí-las simplesmente por correr um lápis azul por meio delas, em vez de mudar, adicionar ou rearranjar palavras.

Atualmente, muitos tribunais abandonaram o teste do "lápis azul" e estão adotando a regra de "razoabilidade", que permite aos órgãos jurisdicionais determinar, com base em todas as evidências disponíveis, as restrições que seriam razoáveis entre as partes. O "teste de razoabilidade" difere do teste do "lápis azul" somente no modo da modificação permitida, de acordo com a intenção no momento da contratação, de modo a avaliar todos os fatores que compõem a razoabilidade naquele contexto (Raimonde v. Van Vlerah, 42 Ohio St. 2d 21, 24-25 – Ohio 1975).

A razoabilidade normalmente é analisada sob três aspectos: atividade (objeto), duração (tempo) e área (território), assim como é aqui no Brasil. Na Georgia, o tempo considerado razoável de proibição ou restrição é de três anos ou menos após a relação contratual. A área geográfica deve ser restrita às áreas em que o franqueador tem negócios. O objeto deve ser limitado a interesses comerciais legítimos que justifiquem a restrição.

Importante destacar que as NCC podem ser negociadas em circunstâncias apropriadas. A experiência anterior do franqueado no mesmo ramo de atividade pode ser um fator para negociação, *v.g.*, podendo negociar uma redução da área geográfica.

Recentemente, a Suprema Corte do estado de Nebraska proferiu importante decisão que poderá nortear os franqueadores mais ávidos, que em busca de proteção para seus negócios criam as NCC, extrapolando, por vezes, de forma abusiva.

---

[64] Disponível em: <http://definitions.uslegal.com/b/blue-pencil-test/>. Acesso em: 5 jul. 2016.

Trata-se do caso Llimitado Opportunity Inc. v. Waadah, 861 NW2d 437 (Neb. 2015), em que a violação de uma *NCC* por parte do ex-franqueado resultou em derrota para o franqueador. Em síntese, o franqueador Llimitado Opportunity Inc. (Jani-King) ficou sabendo que Anthony Waadah, ex-franqueado, aproximadamente dezoito meses após o término da relação contratual – dentro do prazo de dois anos de NCC –, montou empresa de zeladoria e estava angariando clientes da Jani-King em seu antigo território.

O Tribunal de Nebraska adotou dois entendimentos: o primeiro de que, se uma parte da NCC é inexequível, toda a disposição do contrato se torna legalmente inexequível, e o Tribunal não a reescreveu para torná-la exequível; o segundo de que as disposições adotadas pela Jani-King eram exageradamente restritivas. As duas disposições eram: i) o ex-franqueado não pode operar a mesma atividade, ou similar, no território após dois anos; ii) ex-franqueado não pode operar a mesma atividade, ou similar, em qualquer outro território onde uma franquia *Jani-King* opera, por um ano após o fim da relação contratual.

O tribunal entendeu que a segunda restrição não era razoável, e, portanto, abusiva, pelo fato de se tratar de um franqueador que tem forte atuação internacional, de modo que impediria o ex-franqueado de atuar em territórios tão distantes como a Austrália. Desse modo, o ex-franqueado foi de fato legitimado pelo Tribunal a competir com a Jani-king no mesmo território que atuava antes, sem nenhuma sanção ou impedimento.

Significa dizer que, a exemplo do que propomos neste livro, os franqueadores dispostos a criar NCC robustas devem observar as leis locais, o caso concreto e, sobretudo, a correta *modulação* da NCC para evitar o reconhecimento de disposições não razoáveis, que poderão ferir de morte toda a disposição contratual nesse sentido.

Outrossim, encontramos no livro *Problems in Contract Law – Cases and Materials* (KNAPP; CRYSTAL; PRINCE, 2012, p. 650) referências no sentido de proibição de pactos (*covenants*) de NCC em relação à restrição ou proibição da atividade médica, *per se*, em diversos estados norte-americanos, por infringirem políticas públicas e até códigos de ética médica. Obviamente, tais restrições se aplicam aos contratos de franquia.

No entanto, a maioria dos tribunais, como o Supremo Tribunal do Arizona, recusa invalidar as NCC, *v.g.*, entre dentistas, as NCC não ferem as políticas públicas, razão pela qual devem ser reconhecidas, exceto quando a lei estadual expressamente dispuser em sentido contrário.

Nesse sentido, tanto as leis federais – Federal Trade Commission (FTC) – como estaduais regem a relação de franquia, estabelecendo requisitos de divulgação e proibição, como forma de regulamentar o setor. Mello João (2003, p. 89) ressalta que alguns estados norte-americanos contemplam legislação específica quanto à possibilidade das NCC, outros adotam os usos e costumes para sua avaliação, competindo ao Poder Judiciário a análise do caso concreto

Cretella Neto (2003, p. 160), citando Petres (1994), contribui com a informação de que quinze estados norte-americanos possuem legislação relacionada ao franchising para regular a relação, a partir do momento de vigência do contrato de franquia. Outra legislação, conforme o citado autor, regulamenta a oferta e a venda do franchising, e se manifesta de duas maneiras: uma legislação federal, aplicável aos cinquenta estados norte--americanos (FTC) e as legislações estaduais baseadas na regulamentação da FTC, já em vigor em dezessete estados norte-americanos, nos moldes da Circular de Oferta de Franquia (COF) existente no Brasil.

O autor ainda informa que a International Franchise Association (IFA) adota o Code of Principles ands Standards of Conduct e a North American Securities Administrators Association (NASAA) e a Uniform Franchise Offering Circular (UFOC), que indicam quais informações devem ser fornecidas aos candidatos a franqueados – a exemplo da nossa Circular de Oferta de Franquia –, que permite a utilização, pela FTC, da UFOC como complemento ao documento básico prescrito em seu texto de lei.

Temos ainda, no âmbito do Direito Internacional, a Organização Intergovernamental Independente (*Unidroit*)[65], com sede em Roma, que tem por finalidade examinar formas de harmonizar e coordenar o Direito Privado Internacional, cujos acordos multilaterais integram cinquenta e seis países, incluindo o Brasil.

A atuação da *Unidroit*, especialmente para o franchising, vem resultando em significativos estudos norteadores de lei uniforme, lei modelo, convenção e outros instrumentos[66], o que contribui para contratos mais precisos, conferindo mais segurança jurídica aos contratantes.

---

[65] Disponível em: <http://www.unidroit.org/>. Acesso em: 6 jul. 2016.
[66] Cretella Neto (2002) cita o exemplo: *Study Group on Franchising* (*Guide to International Franchising, Third Draft*). *Study* LXVIII, doc. nº 14.

Capítulo 4
Análise da Amostra Selecionada

4.1. Cláusula de Não Concorrência em Contratos de Franquia

Nossa análise centra-se na cláusula de não concorrência dos contratos de franquia selecionados para esta obra. Apresentamos em cada item o segmento a que pertence o contrato, a cláusula de não concorrência e, em seguida, nossa análise prática e objetiva no que consistem os requisitos essenciais, requisitos estratégicos, requisito de eficiência e a conclusão a que chegamos.

4.1.1. Alimentação

Cláusula de não concorrência:

Em caso de rescisão contratual, o franqueado se obriga a manter a confidencialidade e o sigilo em tudo quanto vier a conhecer e aprender por força do presente, bem como não atuar no ramo de lanchonetes (fast food), em especial de outra bandeira e/ou marca, pelo prazo de dois anos, dentro de seu respectivo território/Estado.

Em caso de descumprimento da cláusula acima, o franqueado está sujeito às penalidades previstas nos Códigos Civil e Comercial, na Lei de Franquia, além de outras dispostas na lei de contrafação, sem prejuízo do pagamento de multa pecuniária diária no valor de R\$ 2.000,00 (dois mil reais), tendo como termo inicial o fato gerador descrito na cláusula acima e o termo final quando do cumprimento da obrigação inadimplida.

Requisitos essenciais:

Estão presentes os requisitos de territorialidade (dentro de seu respectivo território), o objeto (lanchonetes de *fast food*) e o tempo (dois anos).

Requisitos estratégicos:

Estão ausentes a previsão de descumprimento contratual do franqueador, a atividade uniprofissional e o prévio domínio do *know-how*. Também não há previsão quanto à proibição de parentes e sócios no desenvolvimento da atividade como pessoas interpostas.

Estão ausentes a previsão de descumprimento contratual do franqueador, a atividade uniprofissional e o prévio domínio do *know-how*.

Requisito de eficiência:

Previsão de multa.

Conclusão:

Risco de relativização em razão da ausência de requisitos estratégicos, insegurança jurídica.

4.1.2. Negócios, Serviços e Conveniência

Cláusula de não concorrência:

Ao final do contrato de franquia ou de sua rescisão antecipada, por qualquer motivo ou razão, o franqueado deverá cessar imediatamente a utilização de todos os direitos de propriedade industrial e intelectual que lhe foram conferidos sob a franquia, bem como devolver à sociedade franqueadora todos os documentos e demais materiais que lhe foram entregues por força de referido contrato. O franqueado não poderá revelar ou publicar aspectos relativos ao sistema da marca.

O contrato de franquia também prevê que o franqueado, durante o período de 1 ano após o término ou sua rescisão, não poderá, sem a prévia e expressa anuência da sociedade franqueadora: *i)* criar e/ou participar, direta ou indiretamente, colaborar ou se vincular de forma econômica, comercial, trabalhista ou profissional em qualquer estabelecimento, empresa, sociedade ou associação no Brasil, que tenha como atividade principal ou auxiliar, o comércio varejista ou atacadista de produtos alimentícios de toda classe, ou de outros produtos competitivos, semelhantes ou iguais aos produtos da marca; ou *ii)* exercer, direta ou indiretamente, atividades remuneradas ou não, que possam entrar em concorrência com as desenvolvidas pela marca.

Requisitos essenciais:

Estão presentes os requisitos de territorialidade (no Brasil), objeto (comércio varejista ou atacadista de produtos alimentícios de toda classe) e tempo (um ano).

Em que pesem tais previsões, temos como abusivas a territorialidade no Brasil, pois o território foi concedido em zona geográfica específica. Também nos parece abusiva a previsão quanto ao objeto (comércio varejista ou atacadista de produtos alimentícios de toda classe) por ser mais amplo do que o segmento da franquia, sobretudo em relação à previsão atacadista e alimentos de toda classe.

Requisitos estratégicos:

Estão ausentes a previsão de descumprimento contratual do franqueador, a atividade uniprofissional e o prévio domínio do know-how.

Requisito de eficiência:

Também não há previsão de multa pelo descumprimento da cláusula de não concorrência.

Conclusão:

Risco de relativização em decorrência das abusividades relacionadas à territorialidade e ao objeto como requisitos essenciais, além da ausência dos requisitos estratégicos e de eficiência, resultando em insegurança jurídica.

4.1.3. Vestuário

Cláusula de não concorrência:

A franqueadora não se opõe que o franqueado continue atuando no ramo de atividade de vestuário, contudo, antes de dar continuidade a qualquer comercialização, o franqueado deverá descaracterizar completamente seu estabelecimento, de forma que não subsista qualquer requisito de identificação visual com as unidades franqueadas da marca.

No segmento de vestuário, o franqueador literalmente abriu mão da cláusula de não concorrência, restringindo apenas a identidade visual da marca. Significa que, além de possuir produtos com marca própria, característica daquele segmento, a cláusula de não concorrência, ainda que não seja eleita pelo franqueador, ainda assim é citada para ser dispensada. Significa dizer que a sua existência faz parte dos usos e costumes no setor de *franchising*.

Não há previsão de multa pelo descumprimento da cláusula.

Conclusão:
Prejudicada em decorrência da renúncia da franqueadora à cláusula de não concorrência, permitindo a continuidade da atividade pelo ex-franqueado mesmo após a expiração do contrato de franquia.

4.1.4. Acessórios Pessoais, Calçados e Tênis

Cláusula de não concorrência:
Com o encerramento do contrato de franquia, o franqueado obriga-se a manter sigilo acerca das informações a que tiver acesso por ocasião da assinatura do contrato, por se tratar de segredo de negócio da franqueadora, abstendo-se de revelar a terceiros informações relativas à sua operação ou de utilizar-se destas em outra atividade, tanto durante quanto após o encerramento do contrato de franquia.

Requisitos essenciais:
Ausentes os requisitos de territorialidade e tempo. A previsão do objeto se revela abusiva, por estabelecer abstenção de uso em outra atividade, sem especificá-la.

Requisitos estratégicos:
Estão ausentes a previsão de descumprimento contratual do franqueador, atividade uniprofissional e do prévio domínio do know-how. Também não há previsão quanto à proibição de parentes e sócios no desenvolvimento da atividade como pessoas interpostas.

Requisito de eficiência:
Não há previsão de multa.

Conclusão:
Risco de relativização em decorrência dos requisitos essenciais de territorialidade e tempo, além da abusividade em relação à ampliação do objeto. Também estão ausentes os requisitos estratégicos e de eficiência, resultando em insegurança jurídica.

4.1.5. Lavanderia, Limpeza e Conservação

Cláusula de não concorrência:
Na hipótese de término da relação de franquia, por qualquer motivo, levando em consideração as informações e instruções que o franqueado recebeu da franqueadora, as quais são consideradas segredos de negócio,

inclusive aquelas constantes da COF, bem como as oferecidas durante o treinamento, nos manuais da franquia e demais eventos e documentos referentes ao sistema de franquia em tela, será vedado ao franqueado, durante o prazo estabelecido no pré-contrato, um ano, ou, no contrato de franquia, dois anos, contado a partir do término da relação, quer seja direta, quer seja indiretamente, por si próprio ou interposta pessoa, isoladamente ou em conjunto com qualquer pessoa, física ou jurídica, possuir, manter, envolver-se ou participar, a qualquer título, na operação de qualquer negócio congênere e/ou concorrente ao da rede de franquias da marca ou da franqueadora.

Na hipótese de, por qualquer motivo, restar impossibilitada a execução do quanto exposto no parágrafo anterior, será devida à franqueadora uma multa estabelecida no instrumento que for rescindido.

Requisitos essenciais:
Estão presentes os requisitos: objeto (negócio congênere e/ou concorrente ao da rede de franquias da marca ou da franqueadora), tempo (um ano em caso de pré-contrato e dois anos em caso de contrato de franquia). Em que pesem tais previsões, temos como ausente o requisito de territorialidade.

Requisitos estratégicos:
Estão ausentes as previsões de descumprimento contratual do franqueador, atividade uniprofissional e do prévio domínio do know-how. Há previsão quanto à proibição de parentes e sócios no desenvolvimento da atividade como pessoas interpostas.

Requisito de eficiência:
Há previsão de multa.

Conclusão:
Risco de relativização em decorrência da ausência da territorialidade como requisito essencial, além da ausência dos requisitos estratégicos, como resultado temos insegurança jurídica.

4.1.6. Cosméticos e Perfumaria

Cláusula de não concorrência:
Após a rescisão ou término contratual, o franqueado obriga-se a seguir as seguintes condições:

a) Cessar imediatamente o uso das marcas franqueadas e outros sinais identificadores da loja e dos produtos comercializados pelo franqueado sob orientação da franqueadora, bem como a venda de todo e qualquer produto adquirido da franqueadora.

b) Retirar imediatamente sinais, letreiros e placas da loja, descaracterizando a arquitetura interna e externa da loja.

c) Devolver à franqueadora manuais, procedimentos operacionais, materiais de marketing e quaisquer outros documentos relacionados à franquia em até 48 horas contados do término ou da rescisão contratual.

d) Manter confidencialidade das informações técnicas e comerciais em relação à franquia, cuja obrigação sobreviverá após o término do contrato de franquia.

e) Não operar um estabelecimento comercial que lide com a comercialização de cosméticos e produtos idênticos ou semelhantes aos comercializados nas lojas, dentro do município onde está situada a loja, sob administração do franqueado, pelo período de dois anos após o término do contrato de franquia.

Requisitos essenciais:
Estão presentes as previsões do objeto (não operar um estabelecimento comercial que lide com a comercialização de cosméticos e produtos idênticos ou semelhantes aos comercializados nas lojas), do tempo (dois anos após o término do contrato de franquia) e do território (dentro do município onde está situada a loja), sendo esta última abusiva, por estabelecer abstenção de uso além do território concedido (área interna de shopping center ou centro comercial).

Requisitos estratégicos:
Estão ausentes a previsão de descumprimento contratual do franqueador, atividade uniprofissional e do prévio domínio do know-how. Também não há previsão quanto à proibição de parentes e sócios no desenvolvimento da atividade como pessoas interpostas.

Requisito de eficiência:
Não há previsão de multa.

Conclusão:
Risco de relativização em decorrência da abusividade da cláusula de não concorrência, ao estabelecer abstenção de uso fora do território concedido,

ANÁLISE DA AMOSTRA SELECIONADA

além da ausência de requisitos estratégicos e de eficiência, o que resulta em insegurança jurídica.

4.1.7. Farmácia

Cláusula de não concorrência:
O franqueado enquanto pessoa física e também pessoa jurídica, se compromete, durante o período de vigência do presente contrato e até um ano após sua vigência ou não renovação, a não trabalhar nem prestar serviços como funcionário, ou em sociedade, com qualquer negócio considerado em concorrência direta com o setor de atividade do franqueador, seja com seus produtos em sua área de atratividade geográfica, seja com seu conceito de negócios, exceção feita a negócios nos quais o franqueado porventura já detenha participação acionária na data de assinatura do presente instrumento.

Parágrafo primeiro: caso o franqueado já tenha administrado uma farmácia antes de ingressar na rede, este poderá voltar a exercer suas atividades anteriores, inclusive voltar a utilizar seu nome anterior, sem, contudo, auferir know-how, do sistema e dos benefícios gozados pelos membros da rede, caso rompa ou não renove este contrato.

Parágrafo segundo: fica terminantemente proibido ao franqueado o ingresso em redes concorrentes, notadamente caso esta rede atue sob o sistema de cooperativas, franquias ou outro sistema de caráter associativista, durante o período de vigência do presente contrato, ou ainda se motivado por falta do franqueado, até um ano após a data da rescisão.

Parágrafo terceiro: Por se tratar de um acordo intuitu personae, esta cláusula compromete as pessoas jurídicas e as pessoas físicas aderentes a sociedade, no momento e no futuro, caso haja modificações na participação societária.

Requisitos essenciais:
Presentes os requisitos objeto (qualquer negócio considerado em concorrência direta com o setor de atividade do franqueador), tempo (até um ano após sua vigência ou não renovação) e territorialidade (em sua área de atratividade geográfica).

Requisitos estratégicos:
Há previsão quanto à proibição de parentes e sócios no desenvolvimento da atividade como pessoas interpostas (esta cláusula compromete as pessoas jurídicas e as pessoas físicas aderentes à sociedade). Há previsão expressa

de prévio domínio do know-how (exceção feita a negócios nos quais o franqueado porventura já detenha participação acionária na data de assinatura do presente instrumento), bem como o disposto no parágrafo primeiro. Estão ausentes a previsão de descumprimento contratual do franqueador, atividade uniprofissional e, o mais importante, o fato de se tratar de atividade essencial nos termos da lei.

Requisito de eficiência:
Está ausente a previsão de multa.

Conclusão:
Risco de relativização em razão das ausências de previsão do descumprimento contratual do franqueador, atividade uniprofissional e, o mais importante, o fato de se tratar de atividade essencial nos termos da lei, bem como está ausente o requisito de eficiência, como resultado da insegurança jurídica.

4.1.8. Odontologia

Cláusula de não concorrência:
Situação do franqueado, após a expiração do contrato de franquia, em relação a:

- Know-how ou segredo de indústria a que venha a ter acesso em função da franquia; e
- Implantação de atividade concorrente da atividade do franqueador.

Know-how *ou segredo de indústria a que venha a ter acesso em função da franquia:*
Na hipótese de término ou rescisão do contrato de franquia, por qualquer motivo:

Ficam expressamente proibidos o uso e a divulgação, pela ex-franqueada, suas coligadas ou controladas, ou por seus sócios e colaboradores, de quaisquer informações privadas, dados confidenciais e segredos do negócio da franqueadora, a eles fornecidos pela franqueadora ou a que tenham acesso, de qualquer forma e a qualquer tempo, em função da sua condição anterior de empresa franqueada e de sócios colaboradores desta, sob pena de caracterização de crime de concorrência desleal, conforme disposto no inciso XI, do artigo 195, da Lei nº 9.279/96.

A ex-franqueada e seus sócios ficam, ainda, obrigados a proceder à imediata interrupção do uso do projeto arquitetônico e de identidade visual

ANÁLISE DA AMOSTRA SELECIONADA

da marca e de quaisquer operações com esta e do sistema de *franchising* da marca, bem como devolver todos os manuais que lhe tenham sido cedidos em comodato.

Implantação de atividade concorrente da atividade do franqueador:

a) Enquanto vigorar o contrato de franquia, a franqueada, seus sócios e/ou seus respectivos cônjuges, não poderão em hipótese alguma, em qualquer ponto do território nacional, dedicar-se, direta ou indiretamente, à exploração de empreendimentos que se dediquem a atividades semelhantes àquela da unidade franqueada, ou que, por qualquer razão ou forma, possam ser considerados concorrentes da franqueadora, de empresas máster-franqueadas ou de outras franqueadas desta, inclusive por intermédio de outras franqueadoras ou franqueadas.

b) Dentro do prazo de 12 (doze) meses da data do término ou rescisão do contrato de franquia, a franqueada, seus sócios e/ou seus respectivos cônjuges não poderão, em hipótese alguma, no município ou na região onde se encontrava instalada a unidade franqueada, dedicar-se, direta ou indiretamente, inclusive por intermédio de outros franqueados ou franqueadores, desde de que a rescisão contratual não tenha se dado por não cumprimento do acordo neste instrumento por parte da franqueadora.

Requisitos essenciais:

Estão presentes os requisitos objeto (proibição de exploração de empreendimentos que se dediquem às atividades semelhantes à da franquia, ou que, por qualquer razão ou forma, possam ser consideradas concorrentes da franqueadora, de franqueadas desta), tempo (doze meses) e territorialidade (no município ou na região onde se encontrava instalada a unidade franqueada). Este último requisito nos parece abusivo, pois o território concedido é limitado e, inclusive, veda a possibilidade de qualquer atividade da franqueada fora do seu território. Concordamos com a expressão "região" que está relacionada à clientela envolvida, mas não concordamos com a expressão "município", por ser demasiadamente abrangente e incompatível com o território cedido.

Requisitos estratégicos:

Há previsão quanto à proibição de parentes e sócios no desenvolvimento da atividade como pessoas interpostas (a franqueada seus sócios e/ou seus respectivos cônjuges). Há previsão de descumprimento contratual do franqueador (desde que a rescisão contratual não tenha se dado por não cumprimento do acordo nesse instrumento por parte da franqueadora), o que, nesse caso, liberaria a franqueada da cláusula de não concorrência, nos termos da nossa argumentação explorada no item 2.4.2.

Não há previsão de prévio domínio do know-how e, principalmente, informação quanto à atividade uniprofissional. Por se tratar de atividade em que o profissional é, via de regra, o franqueado, deveria contemplar a possibilidade da atividade desvinculada do segredo de negócio, como exploramos no item 2.4.1.

Requisito de eficiência:
Está ausente a multa.

Conclusão:
Risco de relativização pela abusividade territorial como requisito essencial, bem como pela ausência de previsão de prévio domínio do know-how e, principalmente, informação quanto à atividade uniprofissional, além da ausência do requisito de eficiência, promovendo insegurança jurídica.

4.1.9. Hotelaria

Cláusula de não concorrência:
Dever de confidencialidade e não concorrência
O franqueado e seus sócios também assumem a obrigação de não concorrer com a empresa franqueadora ou com qualquer outro franqueado ao sistema de hotéis de pousadas ou, ainda, a não participar direta ou indiretamente, pública ou particularmente, como sócios, acionistas, funcionários, agentes, diretores de qualquer empresa concorrente ou que atue no mesmo segmento do franqueador, por si, seus sócios e familiares, enquanto durar este contrato e nos cinco anos subsequentes ao seu término, abstendo-se de explorar, direta ou indiretamente, por meio de controlador, controlada, subsidiária, coligada ou empresa do mesmo grupo econômico de fato ou de direito, qualquer atividade econômica, comercial ou de prestação de serviços relacionada aos produtos fornecidos pela empresa franqueadora, ou seja, dos serviços oferecidos pelo hostel, compostos de hospedagem com um ou mais componentes dos seguintes itens: passeios, promoção de eventos, transfers e alimentação.

O franqueado e seus sócios também assumem o dever de absoluta confidencialidade em relação a todas as características não públicas do negócio de franquia estabelecido no presente instrumento, no pré-contrato de franquia, no contrato de franquia padrão, nos manuais, no sistema de gestão informatizada ou em qualquer outra informação, devendo adotar todas as medidas necessárias à segurança dos dados sigilosos, não se limitando, mas incluindo os manuais, impedindo a obtenção de cópias, a leitura ou a extração de fotografias destes por quem quer que seja.

Requisitos essenciais:
Estão presentes os requisitos de objeto (qualquer empresa concorrente ou que atue no mesmo segmento do franqueador) e de tempo (enquanto durar este contrato e nos cinco anos subsequentes ao seu término). Não há previsão quanto à territorialidade, o que se revela abusiva ante a falta de delimitação geográfica.

Requisitos estratégicos:
Há previsão quanto à proibição de parentes e sócios no desenvolvimento da atividade como pessoas interpostas (franqueado e seus sócios também assumem a obrigação de não concorrer com a empresa franqueadora ou com qualquer outro franqueado ao sistema de hotéis de pousadas ou, ainda, a não participar direta ou indiretamente, pública ou particularmente, como sócios, acionistas, funcionários, agentes, diretores de qualquer empresa concorrente). Não há previsão de prévio domínio do know-how, atividade uniprofissional e previsão de descumprimento contratual do franqueador.

Requisito de eficiência:
Não há previsão de multa.

Conclusão:
Risco de relativização ante a ausência do requisito essencial de territorialidade, o que se revela abusiva ante a falta de delimitação geográfica, bem como não há previsão dos requisitos estratégicos de prévio domínio do *know-how*, atividade uniprofissional e previsão de descumprimento contratual do franqueador, além de ausente o requisito de eficiência, o que resulta em insegurança jurídica.

4.1.10. Idiomas

Cláusula de não concorrência:
O franqueado, em função das informações que lhe são transmitidas pela franqueadora, consideradas segredo de negócio, inclusive aquelas constantes da Circular de Oferta de Franquia, manuais e demais documentos pertinentes, durante o período de um ano, contado a partir do término da relação contratual, por qualquer motivo, não poderá, direta ou indiretamente, por si próprio ou em nome de ou em conjunto com qualquer pessoa, física ou jurídica, possuir, manter, envolver-se em, participar a qualquer título, na operação de qualquer negócio congênere ou concorrente, no território definido neste contrato, salvo marcas da franqueadora.

Eventual descumprimento ensejará no pagamento de multa no importe de R$ 300.000,00 (trezentos mil reais).

Requisitos essenciais:
Estão presentes os requisitos objeto (na operação de qualquer negócio congênere ou concorrente), tempo (período de um ano) e territorialidade (no território definido neste contrato).

Requisitos estratégicos:
Há previsão quanto à proibição de parentes e sócios no desenvolvimento da atividade como pessoas interpostas (direta ou indiretamente, por si próprio ou em nome de ou em conjunto com qualquer pessoa, física ou jurídica, possuir, manter, envolver-se em participar a qualquer título). Não há previsão de prévio domínio do know-how, atividade uniprofissional e de descumprimento contratual do franqueador.

Requisito de eficiência:
Há previsão de multa.

Conclusão:
Risco de relativização diante da ausência de requisitos estratégicos de previsão de prévio domínio do know-how, atividade uniprofissional e de descumprimento contratual do franqueador, revelando insegurança jurídica.

Podemos concluir que todas as dez cláusulas de não concorrência analisadas, que representam cinquenta por cento dos segmentos atualmente existentes, possuem riscos de relativização, ante as ausências de requisitos essenciais e/ou estratégicos e/ou de eficiência.

ANÁLISE DA AMOSTRA SELECIONADA

Esse resultado confirma o problema geral do tema e justifica o desenvolvimento deste livro nos exatos aspectos abordados, reforçando favoravelmente a nossa proposição de modulação das cláusulas de não concorrência ao caso concreto, consubstanciada nos requisitos essenciais, estratégicos e de eficiência.

4.2. Soluções Práticas e Considerações Finais

Como vimos, não há uma preocupação preventiva e estratégica por parte dos franqueadores na elaboração das cláusulas de não concorrência analisadas. Elas que seguem um padrão generalizado, sem o delineamento necessário e adequado ao caso concreto. Por vezes, a cláusula de não concorrência sequer está alinhada com o próprio segmento franqueado. Ao que percebemos, há uma banalização no uso exagerado de cláusulas genéricas. Como consequência, as cláusulas são vulneráveis e suscetíveis de relativização.

Necessária, portanto, a *modulação* das cláusulas de não concorrência ao caso concreto para preestabelecer as circunstâncias específicas e fixar os *requisitos essenciais, estratégicos e de eficiência*, imprescindíveis para atingir segurança jurídica.

Nesse sentido, é certo que para o reconhecimento da plena aplicabilidade da cláusula de não concorrência são *requisitos essenciais* a territorialidade, o tempo definido e o objeto.

A territorialidade deve ser limitada à área de atuação da franquia, na qual de fato haja abrangência da clientela do estabelecimento. Nas palavras de Martins (2008), não será validada a cláusula em locais onde a empresa não possa competir com outras no mesmo mercado. Desse modo, ela deve ser estabelecida para certo espaço geográfico.

Exceção às redes novas e/ou ainda em expansão, cuja capilaridade não seja sua característica, em que a *limitação territorial poderá ser ampliada* para além do território cedido em contrato de franquia, a fim de preservar o *know-how* do franqueador, mas deverão ser observados os princípios gerais do Código Civil.

O limite temporal deverá existir para que a cláusula de não concorrência não seja vitalícia, levando à sua nulidade. Há uma tendência, por analogia ao artigo 1.147 do Código Civil, a admitir-se o prazo de cinco anos. Todavia, este prazo não pode ser considerado como regra. Há de se verificar no caso concreto a real necessidade do prazo, que poderá ser de até um, dois, três, quatro ou cinco anos, levando-se em consideração as especificidades do modelo de negócio, tecnologia envolvida, segredo e demais fatores capazes de justificar o prazo limite de cinco anos. Para exceder tal prazo, deverá haver uma forte razão comercial, mas sempre estará sujeita à avaliação de abusividade.

O objeto, ou limite material, deverá ser restrito à atividade e, quando for o caso, restrito ao subsegmento, sob pena de ferir o princípio constitucional do artigo 5º, XIII, "é livre o exercício de qualquer trabalho, ofício ou profissão..." sendo vedada a previsão genérica.

Propomos, ainda, além dos *requisitos estratégicos* da cláusula de não concorrência nos termos estabelecidos nesta obra, a sua *modulação* para que seja particularmente ajustada ao caso concreto.

Nesse sentido, podemos criar *duas classes de cláusula de não concorrência* com a finalidade de preestabelecer as condições em que se encontrarão inseridas no mundo dos negócios.

A *classe 1* deverá estabelecer a previsão de descumprimento contratual do franqueador para, nesse caso, retirar as condições de aplicabilidade da cláusula de não concorrência, conforme explicamos no item 2.4.2. Além disso, deverá conter também a previsão de proibição de parentes, amigos e sócios no desenvolvimento da atividade como pessoas interpostas (laranjas) pelo ex-franqueado.

Deverá estar presente em *todas as cláusulas de não concorrência*, independentemente do caso concreto, pois o descumprimento contratual do franqueador é elemento sensível que, se não for *modulado* adequadamente, poderá resultar na relativização da cláusula. Em relação às pessoas interpostas (laranjas), também é altamente recomendada a previsão de proibição para evitar ou punir fraudes.

A *classe 2* deverá contemplar a atividade essencial, uniprofissional e o prévio domínio do *know-how*.

Temos, então, que a *classe 2 deverá ser inserida na cláusula de não concorrência* quando efetivamente o caso concreto for passível de tal previsão, ou seja, quando uma ou mais situações estiverem presentes. A finalidade é evitar a relativização da cláusula.

Por óbvio, ambas as *classes*, acima criadas, são *complementares* e não dispensam os *requisitos essenciais* de previsão específica da territorialidade, tempo definido e não demasiado e objeto com o subsegmento, se for o caso.

ANÁLISE DA AMOSTRA SELECIONADA

Assim, podemos concluir como *requisitos essenciais* de plena aplicabilidade a territorialidade, o tempo definido e não demasiado e o objeto com o subsegmento, se for o caso.

Como *requisitos estratégicos* de minimização do risco de relativização da cláusula de não concorrência, a inclusão das classes 1 e 2, conforme a necessidade específica.

Como *requisito de eficiência*, a previsão de multa, que também deve ser estabelecida de forma razoável e proporcional aos valores envolvidos no caso concreto.

Nossa proposição tem por finalidade evitar a relativização da cláusula de não concorrência, que poderá ser considerada parcial ou totalmente abusiva, cujos efeitos práticos culminarão na competitividade pelo ex--franqueado no mesmo território de antes, a exemplo do caso Jani-King de Nebraska.

Nossa proposta de solução jurídica é a *modulação da cláusula de não concorrência como forma de plena aplicabilidade e minimização de sua relativização*, partindo de situações já conhecidas que favorecem a sua elaboração específica ao caso concreto, podendo preestabelecê-las para contemplar os *requisitos essenciais, estratégicos e de eficiência*.

Por fim, quanto mais nos afastamos dos três requisitos e/ou quanto maior for a ampliação dos direitos do franqueador, ou sua ambição, maior a chance de relativização das cláusulas de não concorrência por abusividade.

Em considerações finais, o Cade[67] acaba de recomendar, ao julgar a imposição de cláusulas de raio aos lojistas que atuam nos *shopping centers*, que "cláusulas com dois quilômetros ou menos e com prazo de validade

---

[67] O Conselho Administrativo de Defesa Econômica (Cade) começou a julgar a imposição de cláusulas de raio aos lojistas que atuam nos *shopping centers* de Porto Alegre (RS). Segundo o órgão de defesa da concorrência, doze empreendimentos da capital gaúcha utilizam esse tipo de cláusula para impedir que seus lojistas abram unidades em *shoppings* concorrentes ou ainda em lojas de rua.

O conselheiro e relator do caso, Márcio de Oliveira Júnior, indicou que no processo levado a julgamento o Cade encontrou cláusulas que restringiam a atuação dos comerciantes em raios de dois a cinco quilômetros, o que estaria acima do limite considerado como razoável. Oliveira apontou ainda que em nota técnica a superintendência havia recomendado que cláusulas com dois quilômetros ou menos e com prazo de validade até cinco anos fossem aceitas. Acima desses níveis, seria preciso fazer uma a avaliação caso a caso. Outro fator que foi bastante destacado pelo relator é o maior poder de barganha dos *shopping* centers na negociação dos contratos de locação com os lojistas. Oliveira observou que quando o *shopping* negocia com

até cinco anos fossem aceitas. Acima desses níveis, seria preciso fazer uma a avaliação caso a caso".

É mais uma referência aos parâmetros informados neste livro, cuja finalidade é orientar a elaboração estratégica de cláusulas de não concorrência que possam ser interpretadas com segurança de modo a afastar a concorrência desleal, mas que também delimitem as circunstâncias do caso concreto por meio da *modulação* ora proposta (*requisitos essenciais, estratégicos e de eficiência*).

Diante do exposto, ousamos propor a revisão do marco legal do *franchising* para prever o reconhecimento expresso da cláusula de não concorrência, estabelecendo como *requisitos essenciais* a territorialidade restrita ao limite geográfico estabelecido no contrato de franquia, o tempo definido de até cinco anos, eventual ampliação deverá ser justificada e comprovados a necessidade pelo franqueador e o objeto adstrito à atividade específica, desenvolvida na unidade franqueada.

uma grande marca – caso em que as forças estão mais equilibradas – a cláusula de raio não é acrescentada no contrato de locação.

No caso concreto, ele apurou que o dispositivo não foi incluído nos contratos com os Burger King, Subway, Outback, Zara, Itaú e Santander. Já para as lojas de menor parte, o relator apontou que o termo de locação era como um contrato de adesão – em que não é possível negociar as cláusulas. Com base nesses fatores, Oliveira votou pela punição das seguintes empresas: Administradora Gaúcha de Shopping Center (R$ 1,8 milhão); Companhia Zaffari (R$ 6,3 milhões); Bourbon Administração (R$ 6,3 milhões); Isdralit Indústria e Comércio (R$ 40 mil); Shopping Centers Reunidos (R$ 161 mil); Shopping Center Iguatemi Porto Alegre (R$ 161 mil); Condomínio Civil do Shopping Center Praia de Belas (R$ 161 mil); Br--Capital (R$ 81 mil); e também Niad Administração (R$ 81 mil). O relator determinou ainda que todos os condenados excluam as cláusulas dos contratos e comprovem cumprimento 30 dias após a publicação da decisão. Mas logo após o voto de Oliveira, o conselheiro João Paulo Resende antecipou que não havia firmado convicção sobre o tema em discussão e disse que pediria vista. Com isso o julgamento será retomado quando Resende concluir sua avaliação. Mesmo assim, a conselheira Cristiane Alkmin decidiu proferir seu voto. Apesar de manifestar alguma divergência com o relator, ela indicou que também era contrária à imposição das cláusulas pelos *shoppings*. Cristiane sugeriu ainda que o Cade deveria firmar uma posição sobre o tema, de modo a orientar a iniciativa privada.

Outro precedente importante para a definição da validade das cláusulas de raio é um acórdão de relatoria do ministro Marco Buzzi, publicado nesta semana pelo Superior Tribunal de Justiça (STJ). Oliveira, do Cade, destacou esse caso durante a leitura de seu voto. Mesmo que o STJ tenha se negado a proibir de forma genérica as cláusulas de raio, o conselheiro do Cade manteve seu voto pela punição dos empreendimentos.

Roberto Dumke. Disponível em: <http://www.aasp.org.br/aasp/imprensa/clipping/cli_noticia.asp?idnot=21977>. Acesso em: 8 jul. 2016.

CONCLUSÃO

O estudo das cláusulas de não concorrência sob os aspectos teórico-doutrinário, jurisprudencial, direito comparado e casuístico contribuiu sobremaneira para identificar suas vulnerabilidades e, ao mesmo tempo, encontrar soluções práticas.

A despeito da maturidade e o franco crescimento do setor, ainda estamos aquém do esperado. A expressiva representatividade econômica do *franchising* requer a adoção de medidas estratégicas no mundo jurídico, em que estão inseridas as relações comerciais que dão sustentação ao sistema.

A ausência de forte interferência do marco legal resulta, por um lado, na falta de consenso entre doutrinadores acerca da definição da franquia empresarial, natureza jurídica do contrato de franquia e seus elementos; por outro, garante maior liberdade para os seus operadores.

Destarte, a irreversibilidade da transferência do *know-how* do franqueador para o fraqueado, que se aproveita dos segredos e modelos de um negócio, é a principal razão de existência da cláusula de não concorrência, pois visa a impedir que o franqueado, ao obter esse conhecimento, aufira vantagens comerciais por meio de concorrência desleal.

Nesse contexto, as cláusulas de não concorrência em contratos de franquia e seus reflexos econômicos, financeiros e emocionais – por interferir diretamente na vida do franqueado – ganham relevância e extrapolam para o mundo real, desaguando, invariavelmente, no Poder Judiciário.

Surge, então, a necessidade de elaboração de instrumentos jurídicos específicos para o setor, em especial a cláusula de não concorrência *modulada* para atender aos *requisitos essenciais, estratégicos* e *de eficiência*.

Na jurisprudência, a consolidação da validade da cláusula de não concorrência pelo Poder Judiciário se deu em 2015, por ocasião do julgamento do REsp 1.203.109-MG (2010/0127767-0), sob o argumento de que:

> são válidas as cláusulas de não concorrência, desde que limitadas espacial e temporalmente, porquanto adequadas à proteção da concorrência e dos efeitos danosos decorrentes de potencial desvio de clientela, valores jurídicos reconhecidos constitucionalmente.

Observe-se que para o STJ bastam os limites espacial e temporal. Entendemos, ainda, que definir o *objeto* de forma específica é *requisito essencial* para a plena aplicabilidade da cláusula de não concorrência e sua violação resulta no abuso do direito.

Verificamos ainda que a jurisprudência admite a *relativização* da cláusula de não concorrência quando identificado o *abuso do direito*. No entanto, a hipossuficiência ou a vulnerabilidade não se presumem, devem ser comprovadas concretamente. No mesmo sentido, presume-se a paridade na relação franqueador-franqueado.

Destarte, apesar de a superioridade econômica do franqueador em relação ao franqueado ser regra, há exceções, como os multifranqueados. Para tanto, reprime-se o "abuso do direito", lançando mão dos dispositivos gerais do Código Civil para proteger a parte prejudicada, em busca do reequilíbrio na relação contratual.

No direito comparado, analisamos as disposições de não concorrência – *non-compete clause* (NCC). Atualmente, muitos tribunais norte-americanos estão adotando a regra de "razoabilidade", que permite aos órgãos jurisdicionais determinar, com base em todas as evidências disponíveis, quais as restrições que seriam razoáveis entre as partes.

O caso julgado pelo Tribunal de Nebraska é de grande importância para o nosso aprendizado, ao liberar o ex-franqueado para competir no mesmo território com o franqueador após a vigência contratual, em razão do reconhecimento de abusividade por parte do franqueador.

A lição que podemos tirar para os franqueadores e empreendedores do nosso país é que quanto mais nos afastamos dos requisitos e/ou quanto maior for a ampliação dos direitos do franqueador, maior a chance de relativização das cláusulas de não concorrência.

A análise dos dez contratos de franquia foi fundamental para revelar o uso indiscriminado de cláusulas de não concorrência genéricas e des-

CONCLUSÃO

compassadas com o caso concreto. Identificamos a falta de preocupação até mesmo em relação aos *requisitos essenciais* – em alguns casos ausentes – elevando os riscos de relativizações. Todos os casos analisados apresentaram fragilidades técnicas.

Para minimizar os riscos e vulnerabilidades, defendemos que os *requisitos essenciais* devam estabelecer *territorialidade* restrita ao limite geográfico estabelecido no contrato de franquia; o *tempo* definido de até cinco anos, eventual ampliação deverá ser justificada e comprovada a necessidade pelo franqueador; e o *objeto* adstrito à atividade específica, desenvolvida na unidade franqueada.

Cumpre esclarecer que, em se tratando de redes novas e/ou ainda em expansão, cuja capilaridade não seja uma característica, a *limitação territorial poderá ser ampliada* para além do território cedido em contrato de franquia, a fim de preservar o *know-how* do franqueador, mas deverão ser observados os princípios gerais do Código Civil.

Como *requisitos estratégicos*, devemos considerar as circunstâncias que envolvem a atividade empresarial essencial, uniprofissional ou quando o ex-franqueado já atuava no segmento antes de ser franqueado, portanto, já possuía o domínio do *know-how*. O descumprimento contratual por parte do franqueador e a continuidade da atividade do ex-franqueado por pessoa interposta (parentes, amigos, ex-sócios, sócios), quando houver a intenção de fraudar o dispositivo contratual contra a prática de concorrência desleal, também são elementos dos requisitos estratégicos.

Criamos também duas classes de cláusulas de não concorrência em contratos de franquia. A *classe 1* deverá estabelecer a previsão de descumprimento contratual do franqueador para, nesse caso, retirar as condições de aplicabilidade da cláusula de não concorrência, conforme explicamos no item 2.4.2. Além disso, deverá conter também a previsão de proibição de parentes, amigos e sócios no desenvolvimento da atividade como pessoas interpostas (laranjas) pelo ex-franqueado.

A *classe 1* deverá estar presente em *todas as cláusulas de não concorrência*, independentemente do caso concreto, pois o descumprimento contratual do franqueador é elemento sensível que, se não for *modulado* adequadamente, poderá resultar na relativização da cláusula. Em relação às pessoas interpostas (laranjas), também é altamente recomendada a previsão de proibição para evitar ou punir fraudes.

A *classe 2* deverá contemplar a atividade essencial, uniprofissional e o prévio domínio do *know-how* e *deverá ser inserida na cláusula de não concorrência* quando efetivamente o caso concreto for passível de tal previsão, ou seja, quando uma ou mais situações estiverem presentes. A finalidade é evitar a relativização da cláusula.

Por óbvio, ambas as *classes*, acima criadas, são *complementares* e não dispensam os *requisitos essenciais* de previsão específica da territorialidade, tempo definido e não demasiado e objeto com o subsegmento, se for o caso.

A previsão de multa contratual pelo descumprimento da cláusula de não concorrência é o elemento do *requisito de eficiência* e deve observar a proporcionalidade e a razoabilidade em relação aos valores envolvidos concretamente, conforme o modelo proposto no capítulo próprio. Deverá estar sempre presente, na classe 1 ou 2.

Nossa proposição de recomendação prática em face do exposto é a *modulação* como forma de eficiência da cláusula de não concorrência para minimizar o risco de relativização, partindo de situações conhecidas para favorecer a elaboração específica da cláusula de não concorrência ao caso concreto, podendo preestabelecê-las para contemplar os *requisitos essenciais, estratégicos e de eficiência*.

Aos franqueadores, recomendamos que tenham o interesse além da formatação comercial do seu negócio. A formatação jurídica do negócio deve ser adotada para ir além da utilização de instrumentos-padrão. Desenvolver estratégias e, principalmente, planejamento jurídico, a exemplo da nossa proposta para a cláusula de não concorrência, evitará surpresas e preocupações com a rede franqueada e o aumento do passivo, contencioso e instabilidades de toda sorte. Além disso, é inquestionável que uma rede formatada juridicamente agregará maior valor e liquidez ao negócio.

Por fim, propomos a revisão do marco legal do *franchising* para prever o expresso reconhecimento da cláusula de não concorrência, estabelecendo como *requisitos essenciais* a territorialidade restrita ao limite geográfico estabelecido no contrato de franquia, o tempo definido de até cinco anos (eventual ampliação deverá ser justificada e comprovada a necessidade pelo franqueador) e o objeto adstrito à atividade específica desenvolvida na unidade franqueada.

REFERÊNCIAS

Associação Brasileira de *Franchising*. **Vinte anos de *franchising*:** 100 anos de varejo. São Paulo: Lamonica: ExLibris, 2008.

ABRÃO, N. **Da franquia comercial *(Franchising)*.** São Paulo: Revista dos Tribunais, 1984.

_____. A lei da franquia empresarial (nº 8.955, de 15/12/1994). **Revista dos Tribunais.** v. 722. São Paulo, dez. 1995.

ALBUQUERQUE, J. B. de. **Prática e jurisprudência dos contratos.** Leme: Jurídica Mizuno, 1997.

ALEXY, R. **Teoria dos direitos fundamentais.** Trad. Virgílio Afonso da Silva. 2. ed. São Paulo: Malheiros, 2011.

AMENDOEIRA JÚNIOR, S. Principais características dos contratos de franchising. In: BRUSCHI, G. G. *et al.* (Org.). **Direito processual empresarial.** Rio de Janeiro: Elsevier, 2012.

AZEVEDO, A. J. **Estudos e pareceres de direito privado.** São Paulo: Saraiva, 2004.

BAGNOLI, V. **Direito econômico.** 5. ed. São Paulo: Atlas, 2011.

BARCELLOS, R. **O contrato de *shopping center* e os contratos atípicos Interempresariais.** São Paulo: Atlas, 2009.

BERTOLDI, M. M. Curso avançado de direito comercial. 5. ed. Revista dos Tribunais, 2009.

BITTAR, C. A. Direito das obrigações. 2. ed. Rio de Janeiro: Forense Universitária, 2004.

_____. **Contratos comerciais.** 5. ed. rev. e atual. Rio de Janeiro: Forense Universitária, 2008.

BORGES, R. C. B. Reconstrução do conceito de contrato: do clássico ao atual. In: HIRONAKA, G. M. F. N.; TARTUCE, F. (Coord.). **Direito contratual:** temas atuais. São Paulo: Método, 2007.

BULGARELLI, W. **Contratos mercantis.** 10. ed. São Paulo: Atlas, 1998.

CHERTO, M. **Franchising:** revolução no marketing. 2. ed. São Paulo: McGraw-Hill, 1988.

CHERTO, M. et al. **Franchising:** uma estratégia para expansão de negócios. São Paulo: Premier Máxima, 2006.

CHOW, D. C. K.; SCHOENBAUM, T. J. **International business transactions.** Problems, cases and materials. 2. ed. New York: Wolters Kluwer Law & Business, 2010.

COELHO, F. U. **Curso de direito contratual.** 16. ed. São Paulo: Saraiva, 2012.

_____. **Manual de direito comercial:** direito de empresa. 26. ed. São Paulo: Saraiva, 2014.

CRAWFORD, E. S. **The regulation of franchising in the new global economy.** Cheltenham: Edward Elgar Publishing Limited, 2010.

GRAU, E. R.; FORGIONI, P. A. **O estado, a empresa e o contrato.** São Paulo: Malheiros, 2005, p. 291.

CRETELLA NETO, J. **Manual jurídico do** *franchising.* São Paulo: Atlas, 2003.

_____. **Do contrato internacional de** *franchising.* 2. ed. Rio de Janeiro: Forense. 2002.

DINIZ, M. H. **Curso de direito civil brasileiro.** 21. ed. rev. e atual. São Paulo: Saraiva, 2005, v. 3: teoria geral das obrigações contratuais e extracontratuais.

_____. **Tratado teórico e prático dos contratos.** 7. ed. rev. São Paulo: Saraiva, 2013, v. 4.

DUARTE, R. P. **Tipicidade e atipicidade dos contratos.** Coimbra: Almedina, 2000 (Coleção Teses).

FERNANDES, L. Do contrato de franquia. Belo Horizonte: Del Rey, 2000.

FERNANDES, W. Contratos de consumo e atividade econômica. São Paulo: Saraiva, 2009 (Série GVlaw).

FIEDRA, G. **Obrigação de não concorrência.** São Paulo: Singular, 2007.

FIUZA, C. **Direito civil.** 17. ed. rev. Belo Horizonte: Del Rey, 2014.

FORGIONI, P. A. **Teoria geral dos contratos empresariais.** São Paulo: Revista dos Tribunais, 2009.

_____. **Contrato de distribuição.** 2. ed. São Paulo: Revista dos Tribunais, 2008.

FRIGNANI, A. **II Franchising.** Torino: Unione Tipografico-Editrice, 1990.

GARCIA, J. **Como adquirir uma franquia.** Rio de Janeiro: Sebrae, 2007.

GIGLIOTTI, B. S. **Transferência de conhecimento nas franquias brasileiras.** Dissertação de Mestrado (Mestrado em Administração de Empresas). Fundação Getúlio Vargas, São Paulo, 2010.

GOMES, O. **Contratos.** São Paulo, Forense, 2008.

_____. **Contratos.** 26. ed. Rio de Janeiro: Forense, 2008.

GONÇALVES, C. A. **Direito civil brasileiro.** 6. ed. rev. São Paulo: Saraiva, 2009, v. III: contratos e atos unilaterais.

GRAU, E. R.; FORGIONI, P. **O estado, a empresa e o contrato.** São Paulo: Malheiros, 2005.

GUYENOT, J. **¿Qué es franchising? Concesiones comerciales.** Buenos Aires: Ediciones Jurídicas Europa-América, 1977.

GUYON, Yves. **Droit des Affaires.** Paris: Economica, 1992

JOÃO, R. T. M. **Cláusula de não concorrência no contrato de trabalho.** São Paulo: Saraiva, 2003.

_____. **Código de Processo Civil comentado e legislação extravagante.** 11. ed. São Paulo: Revista dos Tribunais, 2010.

JUNQUEIRA, A. A. **Estudos e pareceres de direito privado.** São Paulo. Saraiva. 2004.

KNAPP, Charles L.; CRYSTAL, Nathan M.; PRINCE, Harry G. **Problems in contract law.** Cases and Materials. 7. ed. New York: Wolters Kluwer Law & Business, 2012.

KONRAD, M. A.; KONRAD, S. L. N. **Direito civil I. Parte geral: obrigações e contratos.** São Paulo: Saraiva, 2007.

LAMY, M. **Franquia pública.** São Paulo: Juarez de Oliveira, 2002.

LEÃES, L. G. P. B. **Denúncia de contrato de franquia por tempo indeterminado.** São Paulo: Revista dos Tribunais, 1995.

LOBO, J. **Contrato de franchising.** 3. ed. Rio de Janeiro: Forense, 2003.

REFERÊNCIAS

LORENZETI, R. **Tratado de los contratos:** parte general. Buenos Aires: Rubinzal – Culzoni, 2004.

MAFEI, R. R. Q. **Monografia jurídica passo a passo – projeto, pesquisa, redação e formatação**. São Paulo: Método, 2015.

MARTINS, F. **Contratos e obrigações comerciais**. 16. ed. rev. e aum. Rio de Janeiro: Forense, 2010.

MARTINS, S. P. **Direito do trabalho**. 24. ed. São Paulo: Atlas, 2008.

MAURO, P. C. **Guia do franqueador:** como fazer sua empresa crescer com o franchising. 3. ed. São Paulo: Nobel, 1999.

MELLO JOÃO, R. **Cláusula de não concorrência no contrato de trabalho**. São Paulo: Saraiva. 2003.

MENDELSOHN, M. A essência do franchising. São Paulo: Difusão de Educação e Cultura, 1994.

MIRANDA, P. Direito das coisas: propriedade mobiliária (bens incorpóreos): propriedade industrial (sinais distintivos). Tratado de direito privado. São Paulo: Bookseller, 2002.

_____. Tratado de Direito Privado – Parte geral. 3. ed. Rio de Janeiro: Borsoi, 1970, t. 5.

MUÑOZ, F. M. La franquicia una estrategia de crecimiento empresarial. Disponível em: <http://www.eafit.edu.co/revistas/revistamba/Documents/revista-mba-dic-2010.pdf>. Acesso em: 10 nov. 2015.

NERY JUNIOR, N. Código Civil comentado. 6. ed. São Paulo: Revista dos Tribunais, 2008.

_____; NERY, R. M. A. **Código Civil anotado e legislação extravagante**. 2. ed. rev. São Paulo: Revista dos Tribunais, 2003.

PELUSO, C. *et al*. **Código Civil comentado:** doutrina e jurisprudência. 2. ed. rev. São Paulo: Manole, 2008.

PEREIRA, C. M. S. **Lesão nos contratos**. Rio de Janeiro: Forense, 1999.

_____. **Instituições de direito civil**. 14. ed. Rio de Janeiro: Forense, 2010.

PLÁ, D. **Tudo sobre franchising**. Rio de Janeiro: Senac Rio, 2001.

PODESTÁ, F. Contrato de franquia (franchising). In: HIRONAKA, G. M. F. N. (Org.). **Direito Civil 3 – Direito dos contratos**. São Paulo: Revista dos Tribunais, 2008.

REDECKER, A. C. **Franquia empresarial**. São Paulo: Memória Jurídica, 2002.

RIZZARDO, A. **Contratos**. 14. ed. Rio de Janeiro: Forense, 2014.

LISBOA, Roberto Senise. **Manual de Direito Civil** – Contratos e Declarações Unilaterais: Teoria Geral e Espécies. 3 ed. São Paulo: Revista dos Tribunais, 2004, v. I.

RODRIGUES, S. **Direito civil**. 30. ed. atual. São Paulo: Saraiva, 2004, v. 3.

ROPPO, E. **O contrato**. Coimbra: Almedina, 2009.

ROQUE, S. J. **Direito contratual civil-mercantil**. 2. ed. rev. São Paulo: Ícone, 2003.

ROQUE, S. J. **Dos contratos civis-mercantis em espécie**. São Paulo: Ícone, 1997.

RUBIO, G. A. El derecho de danos frente a una realidad del mundo de los negocios: el contrato de franchising. **Revista de la Facultad. Córdoba**. Facultad de Derecho y Ciencias Sociales, v. 6, n. 1, 1998.

SAAVEDRA, T. **Vulnerabilidade do franqueado no franchising**. Rio de Janeiro: Lumen Juris, 2005.

SACCO, R. Autonomia contrattuale e tipi. **Rivista Trimestrale di Diritto e Procedura Civil**. n. 3/786, 1966.

SALOMÃO FILHO, C. **Direito concorrencial:** as condutas. São Paulo: Malheiros, 2003.

SENISE, R. L. **Manual de direito civil – contratos e declarações unilaterais:**

teoria geral e espécies. 3. ed. São Paulo: Revista dos Tribunais, 2004, v. I.

SILVA, A. L. M. **Contratos comerciais**. Rio de Janeiro. Forense, 2004.

SILVA, F. M.; TUSA, G. **Contratos empresariais**. São Paulo: Saraiva. 2011 (Série GVlaw).

SIMÃO FILHO, A. **Direito dos negócios aplicado**. São Paulo: Almedina, 2015, v. 1.

_____. **Franchising. Aspectos jurídicos e contratuais**. 4. ed. rev. São Paulo: Atlas, 2000.

TAKAHASHI, R. W. A. Franchising: um sistema empreendedor de negócio: o caso da Apolar Imóveis. **ANPAD**. Atibaia: ANPAD, 2003.

UNIDROIT – Instituto Internacional para la Unificación de Derecho Privado. **Guía para los acuerdos de franquicia principal internacional**. Disponível em: <http://www.unidroit.org/spanish/guides/1998franchising/franchising-guide-s.pdf>. Acesso em: 10 nov. 2015.

VARELA, J. M. A. **Das obrigações em geral**. 10. ed. Coimbra: Almedina, 2000.

VASCONCELOS, P. P. **Contratos atípicos**. Coimbra: Almedina, 2009.

VENOSA, S. S. **Direito civil**: contratos em espécie. 9 ed. São Paulo: Atlas, 2009.

_____. **Direito civil**: contratos em espécie. 14. ed. São Paulo: Atlas, 2014, v. 3.

_____. **Direito civil**: teoria geral das obrigações e teoria geral dos contratos. 10. ed. São Paulo: Atlas, 2010.

WALD, A. **Obrigações e contratos**. 16. ed. rev. São Paulo: Saraiva, 2004.

_____. **Direito civil – Introdução e Parte Geral**. 10. ed. São Paulo: Saraiva, 2003.

ANEXOS

Anexo I
Lei da Franquia

Presidência da República
Casa Civil
Subchefia para Assuntos Jurídicos
LEI Nº 8.955, DE 15 DE DEZEMBRO DE 1994

Mensagem de veto

*Dispõe sobre o contrato
de franquia empresarial (franchising)
e dá outras providências.*

O PRESIDENTE DA REPÚBLICA Faço saber que o Congresso Nacional decreta e eu sanciono a seguinte lei:

Art. 1º Os contratos de franquia empresarial são disciplinados por esta lei.

Art. 2º Franquia empresarial é o sistema pelo qual um franqueador cede ao franqueado o direito de uso de marca ou patente, associado ao direito de distribuição exclusiva ou semi-exclusiva de produtos ou serviços e, eventualmente, também ao direito de uso de tecnologia de implantação e administração de negócio ou sistema operacional desenvolvidos ou detidos pelo franqueador, mediante remuneração direta ou indireta, sem que, no entanto, fique caracterizado vínculo empregatício.

Art. 3º Sempre que o franqueador tiver interesse na implantação de sistema de franquia empresarial, deverá fornecer ao interessado em tornar-se franqueado uma circular de oferta de franquia, por escrito e em linguagem clara e acessível, contendo obrigatoriamente as seguintes informações:

I – histórico resumido, forma societária e nome completo ou razão social do franqueador e de todas as empresas a que esteja diretamente ligado, bem como os respectivos nomes de fantasia e endereços;

II – balanços e demonstrações financeiras da empresa franqueadora relativos aos dois últimos exercícios;

III – indicação precisa de todas as pendências judiciais em que estejam envolvidos o franqueador, as empresas controladoras e titulares de marcas, patentes e direitos autorais relativos à operação, e seus subfranqueadores, questionando especificamente o sistema da franquia ou que possam diretamente vir a impossibilitar o funcionamento da franquia;

IV – descrição detalhada da franquia, descrição geral do negócio e das atividades que serão desempenhadas pelo franqueado;

V – perfil do franqueado ideal no que se refere a experiência anterior, nível de escolaridade e outras características que deve ter, obrigatória ou preferencialmente;

VI – requisitos quanto ao envolvimento direto do franqueado na operação e na administração do negócio;

VII – especificações quanto ao:

a) total estimado do investimento inicial necessário à aquisição, implantação e entrada em operação da franquia;

b) valor da taxa inicial de filiação ou taxa de franquia e de caução; e

c) valor estimado das instalações, equipamentos e do estoque inicial e suas condições de pagamento;

VIII – informações claras quanto a taxas periódicas e outros valores a serem pagos pelo franqueado ao franqueador ou a terceiros por este indicados, detalhando as respectivas bases de cálculo e o que as mesmas remuneram ou o fim a que se destinam, indicando, especificamente, o seguinte:

a) remuneração periódica pelo uso do sistema, da marca ou em troca dos serviços efetivamente prestados pelo franqueador ao franqueado (*royalties*);

b) aluguel de equipamentos ou ponto comercial;

c) taxa de publicidade ou semelhante;

d) seguro mínimo; e

e) outros valores devidos ao franqueador ou a terceiros que a ele sejam ligados;

ANEXOS

IX – relação completa de todos os franqueados, subfranqueados e subfranqueadores da rede, bem como dos que se desligaram nos últimos doze meses, com nome, endereço e telefone;

X – em relação ao território, deve ser especificado o seguinte:

a) se é garantida ao franqueado exclusividade ou preferência sobre determinado território de atuação e, caso positivo, em que condições o faz; e

b) possibilidade de o franqueado realizar vendas ou prestar serviços fora de seu território ou realizar exportações;

XI – informações claras e detalhadas quanto à obrigação do franqueado de adquirir quaisquer bens, serviços ou insumos necessários à implantação, operação ou administração de sua franquia, apenas de fornecedores indicados e aprovados pelo franqueador, oferecendo ao franqueado relação completa desses fornecedores;

XII – indicação do que é efetivamente oferecido ao franqueado pelo franqueador, no que se refere a:

a) supervisão de rede;

b) serviços de orientação e outros prestados ao franqueado;

c) treinamento do franqueado, especificando duração, conteúdo e custos;

d) treinamento dos funcionários do franqueado;

e) manuais de franquia;

f) auxílio na análise e escolha do ponto onde será instalada a franquia; e

g) layout e padrões arquitetônicos nas instalações do franqueado;

XIII – situação perante o Instituto Nacional de Propriedade Industrial – (INPI) das marcas ou patentes cujo uso estará sendo autorizado pelo franqueador;

XIV – situação do franqueado, após a expiração do contrato de franquia, em relação a:

a) know-how ou segredo de indústria a que venha a ter acesso em função da franquia; e

b) implantação de atividade concorrente da atividade do franqueador;

XV – modelo do contrato-padrão e, se for o caso, também do pré-contrato-padrão de franquia adotado pelo franqueador, com texto completo, inclusive dos respectivos anexos e prazo de validade.

Art. 4º A circular oferta de franquia deverá ser entregue ao candidato a franqueado no mínimo 10 (dez) dias antes da assinatura do contrato ou pré-contrato de franquia ou ainda do pagamento de qualquer tipo de taxa pelo franqueado ao franqueador ou a empresa ou pessoa ligada a este.

Parágrafo único. Na hipótese do não cumprimento do disposto no caput deste artigo, o franqueado poderá argüir a anulabilidade do contrato e exigir devolução de todas as quantias que já houver pago ao franqueador ou a terceiros por ele indicados, a título de taxa de filiação e *royalties*, devidamente corrigidas, pela variação da remuneração básica dos depósitos de poupança mais perdas e danos.

Art. 5º (VETADO).

Art. 6º O contrato de franquia deve ser sempre escrito e assinado na presença de 2 (duas) testemunhas e terá validade independentemente de ser levado a registro perante cartório ou órgão público.

Art. 7º A sanção prevista no parágrafo único do art. 4º desta lei aplica-se, também, ao franqueador que veicular informações falsas na sua circular de oferta de franquia, sem prejuízo das sanções penais cabíveis.

Art. 8º O disposto nesta lei aplica-se aos sistemas de franquia instalados e operados no território nacional.

Art. 9º Para os fins desta lei, o termo franqueador, quando utilizado em qualquer de seus dispositivos, serve também para designar o subfranqueador, da mesma forma que as disposições que se refiram ao franqueado aplicam-se ao subfranqueado.

Art. 10. Esta lei entra em vigor 60 (sessenta) dias após sua publicação.

Art. 11. Revogam-se as disposições em contrário.

Brasília, 15 de dezembro de 1994; 173º da Independência e 106º da República.

Itamar Franco

Ciro Ferreira Gomes

Este texto não substitui o publicado no DOU de 16.12.1994

Anexo II
Código de Consulta e Princípios Éticos

ABF – ASSOCIAÇÃO BRASILEIRA DE FRANCHISING

CÓDIGO DE CONDUTA E PRINCÍPIOS ÉTICOS

CAPÍTULO I – DA NATUREZA DO DOCUMENTO
Art. 1º O presente Código de Conduta é orientado por princípios éticos e desdobrado em normas de comportamento que envolvem o sistema de franchising Brasileiro.

CAPÍTULO II – OBJETIVOS E ABRANGÊNCIA
Art. 2º O Código tem como objetivos:

I – Elevar o nível de confiança e de respeito mútuo entre participantes do Sistema de Franchising a saber: associados, prestadores de serviços, diretores e colaboradores da ABF;

II – Enfatizar a importância do contínuo aprimoramento educacional, cultural e profissional de todos os envolvidos na atividade de franchising;

III – Servir de referência para avaliação de eventuais violações das normas de conduta aqui consagradas;

IV – Defender a imagem e a reputação do Sistema de Franchising brasileiro, como fatores fundamentais para o êxito dos empreendimentos e do próprio conceito de negócio.

CAPÍTULO III – PRINCÍPIOS ÉTICOS ADOTADOS

Art. 3º Este Código é regido pelos seguintes princípios éticos:

I – Transparência;

II – Integridade;

III – Respeito;

IV – Responsabilidade Corporativa.

TRANSPARÊNCIA

Art. 4º As organizações são transparentes, no conceito consagrado pela governança corporativa, quando obedecem ao critério de relevância ao divulgar informações, sejam ou não obrigatórias por leis ou regulamentos, mas que de fato interessam aos seus públicos. Em consequência as seguintes normas devem ser observadas:

I – prestar e divulgar informações claras, exatas, fiéis, que propiciem aos futuros e atuais parceiros condições concretas de avaliação dos riscos de cada investimento;

II – não utilizar cópias ou imitações de marcas registradas, nome comercial, "slogan", logotipo, qualquer outro traço de identificação ou outros direitos de propriedade intelectual pertencente a outra empresa, nacional ou estrangeira, que possam iludir ou induzir a terceiros interessados a erro ou engano;

III – prover os candidatos a franqueados com as informações indispensáveis para o processo de seleção e para o bom relacionamento entre franqueadores e franqueados em termos de direitos, obrigações, particularidades e correspondentes responsabilidades;

IV – ressalvada a hipótese de justificado sigilo, informar os planos ou decisões da ABF, que sejam de interesse dos públicos internos e externos, os quais deverão ser objeto de divulgação para, com isso, incentivar as contribuições de todos os participantes do sistema;

V – considerar que as informações que a ABF possuir sobre seus associados, respectivos colaboradores, são confidenciais e sua divulgação para terceiros dependerá de expressa autorização dos envolvidos, exceção feita aos casos disciplinados por lei;

VI – manter compromisso com a veracidade e tempestividade de todas as informações prestadas à ABF.

INTEGRIDADE

Art. 5º A Integridade consiste na forma transparente, leal e honesta com a qual se desenvolvem as relações sejam elas pessoais e profissionais. É o respeito às leis do País como cidadão, bem como o respeito as normas internas da ABF, condutas e boas práticas que regem o sistema de franchising. Em consequência os seguintes deveres devem ser observados:

I – conhecer, divulgar e cumprir a legislação que rege a atividade de franchising (Lei 8955/94), bem como as normas internas da ABF, entre as quais se incluem seu Estatuto Social e este Código, tendo em vista que a violação desses normativos poderá afetar seriamente as relações de negócio ou de trabalho entre quaisquer associados, seus diretores e colaboradores;

II – levar sempre ao conhecimento da ABF, através da Comissão de Ética, a ocorrência de violação de qualquer disposição deste Código, por qualquer dos associados, franqueados e seus diretores ou colaboradores;

III – não participar de atividades ou serviços incompatíveis com as boas práticas de franchising ou cujo modelo de negócio ou estrutura legal se revelem conflitantes com as normas deste Código;

IV – não realizar publicidade e divulgação de franquias, marcas, produtos ou serviços que contenham ambiguidades, ou sejam fantasiosas ou enganosas sob a perspectiva de potenciais franqueados;

V – utilizar de forma adequada a marca ABF, a chancela do SELO DE EXCELÊNCIA e outras chancelas e sinais distintivos da ABF;

VI – reger seus negócios sempre buscando aplicar as melhores práticas do franchising e as melhores práticas de administração de negócios.

RESPEITO

Art. 6º A Ética se caracteriza pela prevalência dos valores coletivos sobre os individuais e se materializa, entre outros princípios, no respeito, que é reconhecido pela ética da reciprocidade. É um valor que conduz o homem a reconhecer, aceitar, apreciar e valorizar as qualidades do próximo, os seus direitos, deveres e responsabilidades. Por força deste princípio, deve-se:

I – colaborar ativamente na formação de uma cultura de respeito pelo sistema de franchising, por meio da atividade empresarial, pessoal ou profissional com princípios de sustentabilidade;

II – articular parcerias e conduzir negócios em conjunto com stakeholders que também tenham, em suas práticas, princípios norteados por respeito ao meio ambiente, à pessoa e a sociedade;

III – respeitar as boas práticas de concorrência, com firme oposição a:

§ 1º aliciamento de franqueados, clientes e colaboradores de outros associados;

§ 2º invasão e canibalização de território;

IV – assegurar as mesmas oportunidades para todos os envolvidos no sistema de franchising, respeitando cada categoria de associado.

RESPONSABILIDADE CORPORATIVA

Art. 7º Responsabilidade corporativa é a conciliação das esferas econômica, ambiental e social na geração de um cenário de continuidade e de expansão das atividades das empresas, sob a égide dos interesses maiores da sociedade. A partir desse princípio, a seguintes normas devem ser observadas:

I – utilizar sempre as melhores práticas de governança;

II – manter integração dos associados com ações sociais;

III – certificar a inexistência do trabalho infantil e forçado na cadeia produtiva;

IV – incentivar o empreendedorismo através da criação e realização de projetos, serviços ou negócios, produzindo inovações relevantes nas atividades dos associados, dedicando tempo e esforços, correndo riscos calculados e gerando lucro para o negócio e valor para a cadeia produtiva do sistema de Franchising.

CAPÍTULO IV – GESTÃO DO CÓDIGO

Art. 8º Caberá ao Conselho Diretor da ABF a divulgação deste Código.

Art. 9º Caberá a Comissão de Ética cuidar da constante adequação e atualização deste Código.

Art. 10. Será também de sua competência dirimir questões de interpretação, bem como tomar conhecimento de casos de violação e julgá-los, na forma do disposto no Estatuto Social da ABF e no Regimento Interno da Comissão de Ética.

Art. 11. A estrutura, composição e as normas operacionais da Comissão de Ética estão previstas no seu Regimento Interno, disponível no site da ABF.

Art. 12. É direito dos associados e pessoas, físicas ou jurídicas, a eles vinculados, recorrer à Comissão de Ética da ABF em defesa dos interesses relacionados a conduta e boas práticas do sistema de franchising.

Art. 13. A Comissão de Ética irá analisar questões de natureza contratual desde que oriundos do descumprimento de conduta ética e das demais disposições previstas neste código.

Art. 14. Não caberá a Comissão de Ética analisar questões que já sejam objeto de litígio em discussão na esfera judicial (Justiça Comum ou Arbitral).

CAPÍTULO V – DAS PENALIDADES

Art. 15. A violação das normas de conduta estabelecidas neste Código poderá ensejar a aplicação das penalidades previstas no Capítulo VI do Estatuto Social da ABF entre elas:

I – Comunicação de "Não Conformidade";

II – Advertência;

III – Suspensão;

IV – Exclusão.

Art. 16. O presente Código integra-se ao conjunto de normas que regem o Sistema de Franchising, no que diz respeito aos associados e pessoas, físicas ou jurídicas, a eles relacionados, e será de cumprimento obrigatório.

CAPÍTULO VI – DO TERMO DE COMPROMISSO

Art. 16. O presente Código integra-se ao conjunto de normas que regem o Sistema de Franchising, no que diz respeito aos associados e pessoas, físicas ou jurídicas, a eles relacionados, e será de cumprimento obrigatório.

CAPÍTULO VII – DO APÊNDICE

Art. 17. É apêndice deste Código:

I – RICE – Regimento Interno da Comissão de Ética.

ÍNDICE

AGRADECIMENTOS	7
PREFÁCIO	9
INTRODUÇÃO	15

CAPÍTULO 1 – O TEMA | 19

CAPÍTULO 2 – REFERENCIAL TEÓRICO | 25

CAPÍTULO 3 – POSIÇÃO DA JURISPRUDÊNCIA BRASILEIRA
E A NÃO CONCORRÊNCIA NO DIREITO NORTE-AMERICANO | 69

CAPÍTULO 4 – ANÁLISE DA AMOSTRA SELECIONADA | 87

CONCLUSÃO	103
REFERÊNCIAS	107

ANEXOS
Anexo I – Lei da Franquia | 113
Anexo II – Código de Consulta e Princípios Éticos | 117